JN114104

自立的で相互依存的な学習者を育てる
コレクティブ・エフィカシー

ジョン・ハッティ、ダグラス・フィッシャー
ナンシー・フレイ、シャーリー・クラーク［著］
John Hattie, Douglas Fisher, Nancy Frey, Shirley Clarke

原田信之［訳者代表］　笹山郁生、宇都宮明子、石田裕久、長濱文与［訳］
Nobuyuki HARADA

Collective Student Efficacy:
Developing Independent
and
Inter-Dependent Learners

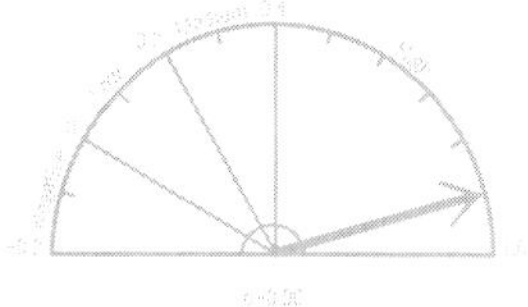

北大路書房

Collective Student Efficacy:
Developing Independent and Inter-Dependent Learners

by

John Hattie, Douglas Fisher, Nancy Frey, Shirley Clarke

English language edition published by SAGE Publications in the United States, United Kingdom, and New Delhi.

Japanese translation rights arranged with SAGE PUBLICATIONS INC. through Japan UNI Agency, Inc., Tokyo

SAGE Publications は本書の米国，英国，ニューデリーでの原著出版社であり，また，この日本語翻訳版は SAGE Publications, Inc. との取り決めにより出版されたものである。

邦訳版の刊行に寄せて

研究を行なうこと自体は、どちらかといえば簡単なことである。私は、メタ分析を調べたり、集めたり、読んだり、元の研究にさかのぼってより深く掘り下げたりすることもあれば、従来の文献レビューを入手することもある。ある効果要因が低かったり高かったりするのはなぜだろうかと不思議に思うこともあれば、同じテーマについて書かれたメタ分析全体のばらつきを見て、なぜだろうかと問うたり、影響力に関する解釈について教師やリーダーたちと話したりする。私はこれらすべての疑問に対して、チャレンジできるような話にまとめることを楽しんでいる。

とはいえ、この話を実行していくことは難しい。私たち教育者は、効果的な実践モデルを構築するのがあまり得意ではない。私たちは、過剰に期待したり、モニタリングに頼りすぎたりしている。しかしながら、各教師には、自分たちのためになることをする権利もあるし、それをする主体性があると信じている。そこで私たちは、コンサルタント等、独立した請負業者と学校を結び、生徒への教育の効果だけでなく、多くのことを話し合い、私たちの実践についての考えや判断よりも、私たちの実践そのものを教師たちと共有する。そうして「自分たちの」学校のリーダーを任命し、彼らがその後、何をするのかに期待し、目を光らせている。

研究と実践をどのように結びつけるとよいか。教育効果の高そうな方法を選択した場合、それが確実に実施されるようにするにはどうすればよいか。教師たちと協力してそれぞれの状況における効果を評価するにはどうすればよいか。そして、すべての生徒に対する影響を最大化するために、私たち全員がどのように評価的思考を働かせればよいだろうか。もちろん、これは、効果（インパクト）とは何を意味するのか、誰のためのインパクトなのか、1年分のインプットに対する1年分の進歩を遂げるとはどういうことなのかについて、議論が有益かつ活発に行なわれるかどうかにかかっている。それは、学習意欲をかきたてるような学級や学校の文化や風土になっているのか、帰属意識が育まれ、生徒や教育者一人ひとりの公平性や公正性がしっかりと根づいているかどうかにかかっている。

しかし、もう一つ別の側面がある。それは、研究を実践に移す人たちとの協力である。私たちは、すべての教師やリーダーが一人でこれを行なうことを期待していない。実践に移すには、コーチ、教師、そして理解者が必要である。私の研究の理解者として本書の翻訳を引き受けてくれた北大路書房と原田信之教授（名古屋市立大学）には本当に感謝している。彼らは私の他の著書も邦訳してくれており、研究の根底にある意味、ニュアンス、ストーリーを深く掘り下げてくれた。彼らが示してくれた技法、知恵、考え方に、私は生涯にわたり感謝し続けるだろう。

可視化された学習（Visible Learning）の研究は、その名を付した本が最初に出版されたときから、長い道のりを経て発展してきた。私は、２１００のメタ分析を取り入れた『続編』（Hattie, J. (2023). *Visible Learning: The Sequel: A Synthesis of Over 2,100 Meta-Analyses Relating to Achievement.* Routledge. 北大路書房より２０２４年に邦訳書を刊行予定）を公表し、可視化された学習のメッセージを実践する世界の1万校以上の学校と協力し教育効果の影響の及ぶ範囲を拡大してきた（https://www.visiblelearning.com/）。同僚たちとともに、私たちはこれらの新しい取り組みについて多くの本や記事を書いてきた。しかし、本書『コレクティブ・エフィカシー』は、埃をかぶった学術的な細部の研究を、教育実践者に向けたわかりやすい文章に書き換えた、私のベスト・トライ（最良の試み）であった。この2つの世界には異なる伝統があり、それぞれの伝え方や考え方がある。

教授と学習が可視化されれば、生徒がより高い達成レベルにいたる可能性が高くなるというエビデンスは、今までにもたくさんあった。私は（そして他の多くの人たちも）、自己概念、自己調整、社会情動的学習、学習方略などの成果にも視野を広げてきた。何をするかよりも、何を考えるかが重要であるという基本的な主張は、研究と実践のエビデンスによって、ますます信頼を高めている。マインドフレームや思考法に着目すると、評価的思考を発達させ、判断を下し、同僚や生徒に批評されやすくなることは、依然として有力なことである。より最近の研究では、事実や内容、考え方に焦点を当てる場合と、より深い関係性や思考の転移を重視する場合とでは、私たちが選択する介入の効果が異なる可能性があるという主張が強まっている。悲しいことに、いまだに多くの生徒が「たくさん知っている」「姿勢を正して先生の話を聞いている」ことが自分の役割だと考えており、そのようなやり方では、生徒は主体的な学び手になれない。

生徒がチャレンジを続け、それを楽しむことの重要性についての本書のメッセージは、依然として重要である。多くの生徒は、自分が間違っていることを恐れ、恥ずかしく思い、チャレンジしてもすぐにうまくできなかったときの教師や仲間の否定的な反応を恐れている。生徒が安心してチャレンジできるようにするには、高い信頼と公正さが必要であり、そのためには学級の文化や風土が重要である。生徒一人ひとりの個別最適な次のチャレンジを知るためには、教師も生徒も、生徒の現状、現在の感情的な傾向、授業の達成規準、他の生徒と協力・協調するスキルを知る必要がある。そして、チャレンジの成功が学習という旅の喜びであり、尊敬に値するものであれば、それはより力強いものとなる。

ジョン・ハッティ

Contents
目次

邦訳版の刊行に寄せて　i

Chapter 0
なぜコレクティブ・エフィカシーなのか　001

Chapter 1
コレクティブであることの価値　006

Chapter 2
コレクティブ・エフィカシーになぜ注目するのか　023

1 コレクティブ・エフィカシー　026
2 教師のコレクティブ・エフィカシー　028
3 生徒のコレクティブ・エフィカシー　033

4 「私」スキル 036
5 「私たち」スキル 040
6 生徒のコレクティブ・エフィカシーにおける教師の役割 043
7 コレクティブ・エフィカシーにおける生徒の役割について 045

Chapter 3 「私」スキルを伸ばす 048

1 知識の構築 054
2 セルフ・エフィカシー 056
3 適切な目標への挑戦 060
4 フィードバックの授受 072
5 エージェンシー 074
6 レジリエンス 081
7 コミュニケーション・スキル 087
Column パイディア法 103

Chapter 4 「私たち」スキルを伸ばす 108

1 共通の信念（ビリーフ）を伸ばす 108

2 社会的感受性 116
Column 活動中の生徒のコレクティブ・エフィカシー1 113
Column 活動中の生徒のコレクティブ・エフィカシー2 121
3 潜在力 125
4 「私」スキルと「私たち」スキル 131

Chapter 5 授業の学習設計 134

1 生徒のコレクティブ・エフィカシーを高める4つの鍵となる課題設計 134
2 チャレンジと動機づけの要因 137
3 開かれた課題がもたらすコレクティブ・エンゲージメント 139
Column 数学の問題解決（9～11歳）：ペアでの取り組み 141
4 生徒が課題に取り組むのに十分な知識や自信、意欲をもたせる 144
5 知識とスキルについての明確化：何を知り、どのようにして知るか 152
6 コネクションファクター 153
Column ジグソー法の実例 156
Column 個人ワークとグループワークに関する教師の考察と相互依存関係の達成規準の有無について：バンコクのパタナ校 159

Chapter 6 学習のねらいとコレクティブ・エフィカシーの達成規準 164

1 学習のねらい 167
Column 技術科の授業例（10～11歳）：3、4人のグループでの取り組み 170
2 学習のねらいと達成規準 172
3 効果的な相互依存関係のための達成規準：コレクティブ・エフィカシーへとつなぐ 177

Chapter 7 ペア学習とグループ学習 184

1 効果があるのか、ないのか？ 184
2 ペアでの学習 187
Column 数学の問題解決（4～5歳）：ペア→4人→クラス全体での取り組み 188
Column どんなメンバーを構成し、いつメンバーを変えるか？ 191
Column より複雑な課題におけるグループ分け 194
3 グループでの学習 199
4 グループの否定的意見への対処 204
Column 技術科の授業例（10～11歳）：4人での取り組み 207

Chapter 8

コレクティブ・エフィカシーのアセスメント 213

1 再びコレクティブ・エフィカシーの達成規準について 214

2 調査と振り返り 216

3 アセスメントの方法 217

4 個人とグループの貢献や成果への成績付与とフィードバック 222

Chapter

生徒のコレクティブ・エフィカシーの可能性 230

訳者代表あとがき 237

索引 [1]

文献 [7]

［凡例］

本文中の［a］［b］［c］…は原注であり、

＊1、＊2、＊3…および†…は訳注を示す。

Chapter 0 なぜコレクティブ・エフィカシーなのか

理論のうえでは、群衆には知恵があるといわれる。これから見ていくように、それはある条件のもとでしか当てはまらない。しかし、それがうまく機能すれば、集団は非常に力強くなり、実際に学習を加速させることができる。教師が学級においてコレクティブ・エフィカシー（collective efficacy：集合的効力感）を発揮させる方法を見ていく前に、集団という概念をもう少し掘り下げておこう。

デイビッド・デミング（Deming, 2017）は、スキルをあまり必要としない生産労働や貿易関連の雇用が１９８０年代に縮小したと指摘している。１９９０年代には、中程度のスキルを必要とする定型業務において、コンピュータが労働を代替すると同時に、高度なスキルを必要とする労働を補完するようになり、労働市場の「空洞化」が起こった。さらに、コンピュータが「認知」作業を自動化するようになってからは、高収入が得られる仕事の雇用率は２０００年以降ほとんど伸びを見せなくなった。しかし、社会的スキルを必要とする仕事は増え始めた。これは、プログラマーが「ルール」を知らない職務や、社会的感受性のスキルがものをいう仕事では、コンピュータは、まだ非常に不十分な代用品でしかないからだと彼は主張している。コンピュータはこのような社会性の側面において、まだチューリングテスト（Turing test）に合格していないのだ。これは、１９５０年にアラン・チューリング（Alan Turing）が提案した次のようなテストである。インタビュアーが２人の回答者に文章で質問をし、どちらの回答者が人間でどちらの回答者がコンピュータかを判断する課題である。チューリングの提唱は、「５分間会話をして、70％の確率で人間を納得させることができれば、機械はテストに合格したと判定される」というものであった。

デミングは、１９８０年以降のアメリカにおける科学技術者（特に数学と科学だが、他の多くの領域にも当てはまる）の就職率を追跡した。彼は、数学（あるいは科学）のスキルを有する人を、中央値より上のグループと下のグループの２つに分けた。彼はそれを「高い（high）」・「低い（low）」と呼んだが、「高次（higher）」・「低次（lower）」と呼ぶと、より明確なイメージが得られる。というのは、この場合、低いということは、無視できる程度のスキルだ

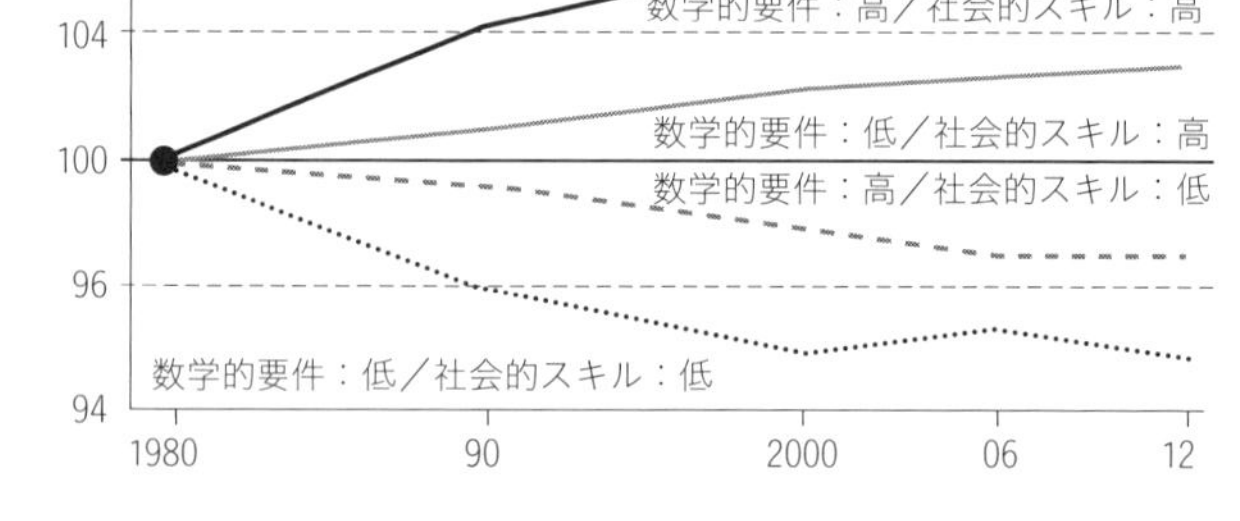

図 0-1　アメリカにおける必要なスキル別雇用シェアの推移（1980 年＝ 100）（Deming, 2017）

と誤認されるかもしれないからである。図0-1を見ると、数学的要件も社会的スキルも高い職種は賃金分布の全域で堅調に伸びており、社会的スキルが高く数学的要件の低い職種も伸びてはいるが、その多くは賃金分布の下位3分の2に集中している。社会的スキルの要求が高い職種は相対的な伸びが大きいが、認知的スキルと社会的スキルの両方が高いレベルで要求される職種において、雇用と賃金の伸びが最も大きい。

デミングの結論は、1980年以降、雇用の増加のほとんどすべてが、集団で働く際に社会的スキルが要求される職業で起こっているということである。高度な分析力と数学的推理力を必要とする一方で、社会的相互作用[*1]をそれほど必要としない職種は不利になっている。彼の研究は、貴重な知識を身につけることと並行し、暗黙の了解として、生徒のコレクティブ・エフィカシーを高めることの重要性を指摘したものだと私たちは考えている。雇用主は、これまで評価されてきた知識に加え、チームプレーヤー、有能な伝達者、コミュニケーター、そして高い社会的感受性をもつ人材を求めている。

17歳から20歳の若者にこうした社会的スキルを教えることは難しくても、特定の職業の内容にかかわるスキルを教育することは比較的容易なことだと雇用主は考えている。したがって、もし私たちが生徒にコレクティブ・エフィカシーのスキルを教えないならば、それは生徒を失業に追い込む

＊1　会話のやりとりや関係性づくりなど。

ことにつながるかもしれない。だからこそ、本書は必要不可欠といえる。

本書では、教えることが可能で、また教えるべき生徒のコレクティブ・エフィカシーとは何かについて探究している。第1章では、生徒がコレクティブ・エフィカシーを高める方法として日頃から協力し合うことに慣れている教室を訪れ、生徒のコレクティブ・エフィカシーに不可欠な要素と達成規準を明らかにする。第2章では、私たちのアイデアと提案の根拠となるエビデンスを紹介する。私たち著者のことを知っている方であれば、生徒のコレクティブ・エフィカシーに関するメタ分析、あるいはメタ分析を実行するために用いる一連の研究がないことに驚かれるかもしれない。しかし、生徒のコレクティブ・エフィカシーを高めるための判断材料となるエビデンスは、かなり多く存在している。

第3章と第4章では、コレクティブ・エフィカシーを伴う授業を展開し、成功させるために重要な「私」スキルと「私たち」スキルを検討する。多くの生徒にとって、集団で活動する学習は当たり前のことではない。自分自身との向き合い方や他者とのかかわり方、グループの規律、共有したり与えたりすること、他者から学ぶことについての認識に乏しい場合がある。生徒がグループの取り組みや成功をより確実にするのに貢献するスキルや確信をもてるようにするために、伸ばす必要がある「私」スキルと「私たち」スキルを一つのセットとして扱うことにする。

第5章では、生徒がコレクティブ・エフィカシーを発揮する機会を確保するための学習設計と授業準備のあり方について検討する。コレクティブ・エフィカシーの育成が授業において重要であると考えるならば、学習のねらい、課題、達成規準を建設的に調整する必要がある。これらの問題については、第6章で検討する。また、集団内での生徒の役割、最適なグループサイズ、成功を阻む可能性のある障壁に対する認識など、これらのスキルの価値を最大化するために私たちが利用できる重要な方式を取り上げる（第7章）。授業のねらいとコレクティブ・エフィカシーを可能にするこの方式を補完するために、アセスメントと建設的に整合させる必要がある。もし最終的なアセスメントが個人に焦点化したものであれば、集団的スキルの価値と開発に著しい悪影響を及ぼすかもしれないし、グループ・アセスメントだけであっても大きな問題が生じる。これらの問題は第8章で扱う。第9章では中心のテーマを再確認して結論を導きだす。

Chapter 1 コレクティブであることの価値

「歴史の世界へようこそ！　今日はエキサイティングな一日です。先週集めたすべての情報を使い、ギリシャ神話が当時の日常生活に及ぼした影響について理解を深めます。そして、ギリシャ神話が今日まで生き残ってきた理由について話し合います。これは、来週、この学びを現代に生かすためのちょっとした予告です。準備はいいですか？　始める前に何か質問はありませんか？」。

ブリアナ・フェルナンデス教諭が担任する学級の6年生は、数週間前から古代ギリシャ初期文明の地理、政治、経済、宗教、社会構造について学習している。彼女のクラスは、ペアやチームに分かれて構成されている。ある課題は個人に、ある課題はペアに、またある課題はチームに割り当てられている[a]。「チームの時間には、今まで協力し合ってきた生徒がより大きなグループでも活動できるように、ペアを組み合わせます。チームが少し大きくなると、互いの思考を刺激し合い、話し合いのスキルをより発揮しやすいからです。また、このようなグループ分けをすることで、学級全体の話し合いがより豊かなものになると思います」。

彼女がさらに話をしようとする前に、キャシーが手を挙げ、「ゼウスにたくさんの子どもがいたことは知っていますが、母親は誰ですか?」と質問した。フェルナンデス教諭は、「いい質問ですね。私たちはそのことについてあまり話したことがありません。私たちが学ぶべき物語はたくさんあります。私たちの調査ボードにそれを加えてもいいですか?」と問い返した。キャッシーは微笑みながら、「はい、お願いします。明日からは私のグループがその調査を担当できるかもしれないわね」と述べた。

フェルナンデス教諭の学級の生徒たちは、学習の一環として質問[b]をすることに慣れている。フェルナンデス教諭は、生徒たちが内容を学ばなければならないことはもちろん、彼らがより深く関心を寄せた視点でカリキュラムを探究することができたときの感動も知っている。実際、フェルナンデス教諭の生徒たちは、授業以外の時間でも歴史について学び続けている。それは、調査ボードに掲示された質問のおかげである。この質問は、個人またはグループ[c]によっ

[a] 個人またはグループに意図的に課題を割り当てる(詳しくは134-140頁を参照)。
[b] 質問(詳しくは098-106頁を参照)。
[c] 個人またはグループのための学習のねらい(詳しくは第6章を参照)。

オンライン授業では

オンラインで教える場合は,調査ボードをGoogleドキュメントで共有することができる。グループがある調査を選択すると,協働作業ができるようになる。ほとんどのプラットフォームでは,ブレイクアウトルーム† で2人組やより大人数での生徒同士の交流も可能である。学習内容を変更しなくても,この授業はオンラインで効果的に行なうことができる。

† 作業の途中で参加者を複数の小さなグループ(ルーム)に分けてディスカッションができる機能のこと。

て出される。生徒のグループはボードに掲示された質問の中から選び、協働して調べることができる。フェルナンデス教諭は、各授業時間の終わりに、自分たちが調査しながら学んだことをグループで共有する時間を設けている。

「他に質問はありませんか?」とフェルナンデス教諭は尋ねた。何もなければ、今日の学習に入る。続けて「古代ギリシャの神々についてたくさんのことを知ったので、これらの神々が日常生活にどのような影響を与えたかを理解したいと思います。私たちの学習のねらいはボードに書かれています」と言う。彼女は次のような文章を指し示した。

・ギリシャ神話が人間の日常生活に与えた影響について学んでいる（知識）
・他者のアイデアや意見、見方を受け入れながら、合意形成に努める方法を学んでいる（協力し合う活動）
・私たちは、さまざまな情報源から情報を取り出す方法を学んでいる（応用可能なスキル）

フェルナンデス教諭の学級では、クラス全体の学習のねらいがあり、それは通常、各生徒が学ぶ必要のある内容的知識やスキルに着目したものである。そして、チームとしての役割に焦点化した、集団学習のための学習のねらいもある。もちろん、学級の学習のねらいが、コミュニケーション能力の向上や具体的なライティングの活用など、特定の応用可能なスキルの育成の場合もあるし、集団学習のねらいが、ディベートやジグソー法の活用など、コンテンツを中心としたものである場合もある。個人学習とグループ学習のねらいについては第6章、ジグソー法[d]については第5章で述べられている。

ギリシャの学習において、さまざまな資料から情報を集めるといった、生徒たちが必要とする重要なスキルは、以前にも用いられたことがある。このときフェルナンデス教諭は、このスキルを獲得する過程で用いる達成規準を取り上げて、何をどうすればよいのかを思い出させるだけでよい。数か月前、このスキルに初めて出合ったとき、教師は生徒と一緒に達成規準を作成した。教師は、エジプトの埋葬習慣の影響を受けた古代エジプトの建築物に関する情報をどのようにして見つけた

[d] グループでの思考方略（詳しくは156-159頁を参照）。

オンライン授業では

フェルナンデス教諭が使用したような思考発話法（think aloud）[†] を録画し，非同期型の環境で生徒に提供することができる。インタラクティブなビデオは，生徒が同期型授業の準備や既習事項の復習として何度もコンテンツに触れることができるので有用である。PlayPosit[††] や Edpuzzle[†††] のようなプラットフォームを使ってビデオに質問を埋め込んでおけば，教師は理解度をチェックし，今後の授業で着目すべきところを指摘することができる。

† 読解中に頭に浮かんでいることを読み手に口頭で報告してもらうもの。
†† Youtube など既存のビデオに課題を加えることができるサイト。
††† Google Classroom と連携し, 動画での学習コンテンツを簡単に作成できるサービスであり, 生徒が動画を視聴しているか, 各セクションを何回見ているか, 内容を理解しているか等を確認することができる。

かを実演して見せた。その前の授業では、エジプトに関する情報誌を読みながら、声に出して考えることを実演した。この授業中に、彼女は一時停止して、「今、私は何をしましたか？」と学級のみんなに質問をした。時には、検索範囲を広げすぎてイライラしたり、情報を一字一句そのまま書き写して時間切れになってしまったりと、真似てはいけないことを意図的に実演することもあるようだ。このような失敗を見せて、彼女は「私はどうすればよかったのでしょうか？」と学級のみんなに問いかける。その際、生徒たちにすばやくペアで相談するよう呼びかけ、その後ランダムにペアを選んでコメントさせる。

エジプトに注目した生徒たちのこれまでの学習は、次のような達成規準で締めくくられた。

「私たちは、さまざまな情報源から情報を取り出すことを学んだ」

さらに、達成したことを確認するためのチェックリストとして、複数の注意事項を作成した[e]。その留意点には、次のようなものがある。

・検索対象を明確にし、焦点を絞る（例：抗生物質の効き方など）
・書籍の場合、いくつかの事柄が一緒になっているかもしれないので、索引を注意深く用いる

・重要な情報（名前、日付、要点）に注目する
・文章全体を写すのではなく、メモ書きにする
・取り出しやすくするために、問題別にタイトルで分けておく

フェルナンデス教諭は、ギリシャ神話とその信仰が日常生活に与える影響についてのこの目新しい授業に戻り、生徒が個々人で知識を習得するための達成規準を共有した[f]。

・古代ギリシャの信仰が女性に与えた影響を特定することができる
・古代ギリシャ人が神を称えるために記念碑や建物、彫像を建てた理由を説明することができる
・古代ギリシャ人がどのように対立を解決したかを説明することができる

また、グループ学習のねらいとなる達成規準（私たちは、合意に達するために、他者のアイデアや意見、見方を受け入れる方法を学んでいる）もフェルナンデス教諭は共有している。さらに、このクラスの主要な課題を踏まえて、グループの規律チェックリストを使うように生徒に注意を促し

[e] 教師の明快さ（詳しくは152-153頁を参照）。
[f] 個人とグループの達成規準（詳しくは第6章を参照）。

ている。成功にたどり着く選択肢は多様であり、中には必要ないものもあるかもしれない。チェックリストには、次のようなものが含まれていた。

・質問をし、他の人に説明を求める
・話し合いに積極的に参加する
・話を中断させないで、注意深く聞く
・他の人が何を言っているのかを考える
・他の人が言ったことを言い換え、自分の理解度や聞き取り能力をチェックする
・アイデアや意見を共有するように促す
・他の人と意見が異なる場合は、その理由を説明する

学習のねらいと達成規準を明確にすることは、生徒が授業の意味を理解する助けになる。他でも述べるが、生徒は3つの質問に答えられるようにする必要がある（Fisher et al., 2016）[9]。

・今日、私は何を学んでいるのか
・なぜそれを学ぶのか
・それを学んだことをどのようにして知ることができるのか

これらの質問は、個人の取り組みと集団での取り組みの両方に当てはまる[h]。生徒たちは、私たちと同じように、課題が個人的なものか集団的なものかに関係なく、これらの問いを発している。そこで、フェルナンデス教諭は、以下のような課題を出した。「今日の最初の課題は、メリーゴーラウンド*1です。部屋のあちこちに、大きなポスターが用意されていますね。それぞれトピックが決まっています。ペアの相手と一緒に、すでに知っていること、読んでわかったことやビデオで学んだことをもとに、ポスター

[g] 学習を促す質問（詳しくは103-106頁を参照）。
[h] ペアと集団の大きさ（詳しくは第7章を参照）。
*1 協同学習の技法の一つで、生徒が教室を回りながら話を聞き、観察し、他のグループの作品について話し合うので同時進行の相互交流を促進するとされる（ジェイコブズ・G. M.、パワー・M.、イン・L. W.／関田一彦（監訳）『先生のためのアイデアブック』ナカニシヤ出版、2005年、88-89頁）。

オンライン授業では

フェルナンデス教諭は，生徒が教室を回りながら話を聞き，観察し，他のグループの作品について話し合う協同学習法のメリーゴーラウンドという技法の代わりに，ブレイクアウトルームを使い，異なる課題を順番に課すことで生徒に課題をローテーションさせている。Google Slides† を使えば画像を共有することも可能である。たとえば，1つの部屋で生徒たちは1つの画像を見て話し合い，デジタルノートにメモをとる。次の部屋では，別の画像を見て，同じことを繰り返すというように，全部の部屋を回り終えるまでこれを繰り返すのである。

† オンライン・プレゼンテーションを作成・提示し，リアルタイムで共同編集を行なうことができるツール。生徒が動画を視聴しているか，各セクションを何回見ているか，内容を理解しているか等を確認することができる。

に情報を書き加えてください。ラウンド2では、付箋紙を使って互いに明確な質問をし、その後、質問を分担して、チームで調べたり発表をしてもらったりします。これは、古代ギリシャ神話に関する基本的な情報を全員が同じようにもっていることを確認するための、ほんの始まりにすぎません［…］。古代ギリシャ神話に関する情報を共有するための第一歩です」。

あるポスターの前では、レオとブランディが、古代ギリシャにおける市民の定義について話している。別のポスターでは、カイラとサライが寺院やその他の建築物について話している。3つ目のポスターでは、アブドゥルとジェイが、さまざまな神々の欠点について話している。2分後、生徒たちは別のポスターに移動する。このプロセスは数ラウンド続き、その都度、提示された情報に基づく質問に焦点化した課題に変更される。何回か質問づくりをしたあと、パートナーと答えるべき質問を選び、活動を開始する。たとえば、レオとブランディは、「なぜ彼らは神のためにこれほど多くの祭りと祝祭を行なったのか」という質問を選んだ。個人とグループのキー・スキルの達成規準に当てはめて、生徒はインターネットや部屋中に配置されたさまざまな資料を使って、仲間が作成した質問に答えるように促される。

授業が始まって24分後、フェルナンデス教諭は生徒たちの活動を中断し、ギリシャ神話に関する基礎的な情報を含むオンラインクイズに参加するよう呼びかけた。これは、生徒の理解度を確認し、次の課題に必要な知識とのギャップがないかどうかを判断するためのものである［…］。このように、生徒たちは個人の知識を活用・発展させ、仲間と協働して取り組む機会を得てきた。そうすることで、彼らの個人学習は改善され、協働学習のスキルを強化する機会を得ているのである。

しかし、彼らはまだコレクティブ・エフィカシーを発揮していなかった。生徒のセルフ・エフィカシー（自己効力感）とコレクティブ・エフィカシー（集合的効力感）に関するある研究において、ピナ・ネヴェス、ファリア、レーティ（Pina-Neves, Faria, & Räty, 2013）は、この概念を「自分たちの学級が集団として特定の学習課題や活動を達成できることについて生徒が共有する信念」（p. 455）であると定義している。生徒のコレクティブ・エフィカシーは、

［i］課題の性質：加算型（詳しくは第7章を参照）。

［j］教師への形成的なフィードバック（詳しくは072-074、124頁を参照）。

オンライン授業では

形成的な実践テスト（formative practice test）は，生徒に結果を分析する機会を提供することで，生徒の関心を引く有力な方法になる。これは，復習のためのデータを即座に提供するクイズツール（例：Quizlet† や Kahoot††）を使えば簡単に行なうことができる。分析結果をもとに，生徒たちは学習グループをつくり，互いに教え合うことができる。また，理解を深めるための学習スキルを選択することもできる。

† 用語や単語等の学習を目的としたアプリケーションであり，作成した課題を提供することができる。たとえば，単語カードをめくるときに画面をタップすると，自動で音声が流れるようになっているので，単語の意味と発音を同時に覚えることができる。

†† 自分のペースで問題に答えることができるクイズベースのゲーム。

チームの一員として課題にうまく貢献したり、活動を達成したりする能力や心性に関する生徒の確信とも表現することができる。また、グループがメンバーや集団にとってよりよい結果をもたらすという確信が必要とされる。自分一人でやるよりも、グループメンバーやグループにとってよりよい結果につながるという確信も必要だ[k]。コレクティブ・エフィカシーの簡単な定義（本書の後半で展開される）は、次のとおりである。**Point!** コレクティブ・エフィカシーとは、「他の人と一緒に行動することで、より多くを学ぶことができる」という生徒の信念（belief）を意味する。

重要なことは、生徒のコレクティブ・エフィカシーを育むには時間がかかり、たんなる授業中に起こる一連の活動ではないということである。本書の他のところでは、教師が生徒のコレクティブ・エフィカシーを促進する方法に着目している[l]。

フェルナンデス教諭の教室に戻った生徒たちは、その日の学習のねらいを再確認したあと、クラスミーティングの最後に行なわれる課題の紹介を受けた。フェルナンデス教諭は、「次の課題は、チームに分かれて行ないます。各達成規準につき、2つのチームに分かれます。それぞれの達成規準について、活動の指針となるような質問を用意しました。もちろん、みなさんはもっと多くの質問があるでしょう。目標（ゴール）は、達成規準として何が探究されるのかを真に理解することです。あなたのチームは、プレゼンテーションを作成したり、情報レポートを書いたりすることができますが、それを明日は他のチームのメンバーに教え、彼らもあなたに教えることを忘れないでください。来週にはディベートがありますが、ディベートのために多くのことを知っておく必要があります。最も影響力のある神様と、その神様がギリシャの人々にどのような影響を与えたかについてのディベートを行ないます」。

レオ、ブランディ、カイラ、サライの4人はチームメンバーである。彼らが活動を始めると、ブランディは、「この前、キャシーのチームがディベートに勝とうとしたときのこと覚えている？　彼女は難しい質問をしていたけれど、私たちは全部知っていたよね。このメンバーでやると本当に勉強になるわ」と言った。

サライは、「フェルナンデス先生が言うように、勉強は競争ではない。でも私は、自分の意見が通らなくても、ディベートが大好き。相手が何を言ってくるかを考えて、そ

［k］グループに貢献する自信をつける（詳しくは第3章を参照）。
［l］生徒のコレクティブ・エフィカシーの3つの基本原則（詳しくは034頁を参照）。

オンライン授業では

生徒が目標を設定し，選択し，フィードバックを求め，自身の進歩をモニターする機会があれば，参加したり，関与したり，自分自身を教師として認識したりする可能性がはるかに高くなる。オンライン学習でこのようなオプションを提供することで，生徒は意思決定と協働のスキルを身につけることができる。これは，生徒が Flipgrid† のような動画ツールを通して自分の学習を記録し，他の生徒からのフィードバックを求めることで実現できる。

† 提示された課題に対し，動画でレスポンス・コメントを行なう教育用の動画ツール。

れに備えるのが楽しいし、準備するのが楽しい」。
レオは、「そう、私たちのチームはすばらしい。互いに助け合って、みんな準備万端だ。今年もずっと一緒にいられたらいいんだけどね。協力し合うと、いつも学ぶことが多いんだ」とつけ加えた。
カイラは、やるべきことがあることをグループのみんなに思い出させ、「じゃあ、プレゼンか報告文[3]か、どっちがいい？ 私が報告文と言ったのは、ディベートに必要な情報がより多く手に入るから。あなたはどう思う？」。会話は続く。

レ　オ：そう、報告文にするのはいいアイデアかもしれない。箇条書きのような要点があれば、他のグループに伝えるべき重要なことが明確になる。

ブランディ：私もそう思う。でも今回は、来週また探す必要がないように、情報源を確認できるようにできないかな？ うまくディベートに使えるようにね。

カイラ：それって、いい考えね。簡単だし。でも今回のテーマの古代ギリシャの女性について、それが神々とどう関係するのかわからない。

サライ：質問を読んでみよう。［……］ああ、おもしろい。そこには女性の神々はいたけど 人間の女性にはあまり権利がなかった。なぜ女性の神々をつくり、女性に権利を与えなかったのだろうか？

ブランディ：女性には選挙権がなく、結婚相手も選べないのが普通だったと書いてある。なんだかエジプトみたいだね。

レ　オ：彼女らの仕事は母親であることだったのだろうか。他の仕事もできたのではないのかな。

カイラ：でも覚えておいてほしいのは、女性が遺体を埋葬するための準備をしたことだよ。それはエジプトとは違うと思うけど、間違っているかもしれない。

レ　オ：ギリシャでは、女性のほうが多くの役割をもっていたということだね。

サライ：そう、宗教が彼女らに役割を与えた。

カイラ：でも社会はそうではなかった。女性は市民ですらなかったんだよ。

ブランディ：でも女性は本当に重要な存在だ。神が女性に死者の世話をさせたり、準備をさせたりしていたから。そうすると、ちょっとパワフルな感じがするよね。

レ　オ：そうなの？

カイラ：でも、投票したほうがもっと力が出せるでしょう。

サライ：それに、自分の夫を選ぶこと。

カイラ：何を書こうかしら。共有するためにドキュメントを開いてくれるかな。

レ　オ：そうだね、でも、あなたが調べた神々の中に、女性の役割を伝えるものはなかったの？

［m］評価の形式（詳しくは第8章を参照）。

神々のせいか、人間のせいか。

ブランディ：私が学んだ神々ではなかったな。ラウンドテーブルでも誰もそんなことは言ってなかったし。

サライ：女性の神々はいた。だから、問題は社会のほうにあると思う。

さらに会話を続け、問題の概要を説明し、教師が提示した質問や誘発の言葉に答える文章を共同で作成する。

このチームのメンバーの会話は、目下の教育内容に集中しているが、彼らのもっている信念（belief）に注目してほしい。

彼らは、

・仲間の貢献を大切にしている

・自分の意見やアイデアが考慮される価値があることを知っている

オンライン授業では

生徒が共同で文章を構成できるツールは数多くある（例：Etherpad[†] や Google Docs など）。生徒は，ビデオ会議をしながら，文章を書いたり，アイデアを共有したりすることができる。場合によっては，生徒が話し，各自で共有ドキュメントに書き込むこともある。この場合，テキストにはグループの全メンバーの貢献が含まれると考えられる。

† 複数人でテキストを同時に編集することができ，各々の編集した部分が対応する色で示されるウェブベースの協働型リアルタイムエディタ。

- チームのコレクティブ（集合的）な能力に対して確信している
- 一緒にいる時間は有益であると信じている
- 自分が課題達成のために不可欠な存在であることを理解している
- やりとりをしたほうが、より多くを学ぶことができる
- 個人（I）のスキルと協働（We）のスキルの両方を活用している[n]

後章で示したいと思うが、生徒のコレクティブ・エフィカシーは、協同的（協働的）な学習以上のものである。グループでの課題は重要だが、必ずしもここで言うような学習をもたらすとは限らない。価値ある課題と学習に対する明確な期待に加えて、生徒のコレクティブ・エフィカシーを向上させるには、個人と集団の両方のスキルを開発し、洗練させる必要がある。実際、この2つのスキルは、時間の経過とともに互いに積み重なっていくものだと私たちは考えている。生徒は、一連の知識、技能、心性を備えて集団の課題に臨み、グループ課題の達成に役立てる。うまく構成すれば、このようなグループ課題は、集合的な信念を構築すると同時に、個人の信念を検証したり拡張したりしてくれる[o]。

[n] 発展するコレクティブ・マインドフレーム（協働を活性化する心的枠組み）（詳しくは108頁を参照）。
[o] 集団における学習意欲（詳しくは137頁を参照）。

サライ、ブランディ、レオ、カイラについてもう一度考えてみよう。彼らは、一連のスキル、知識、心性をもって、この特別な課題に取り組んだ。ある者は古代ギリシャ（およびエジプト）の女性について他の者より詳しかった。

ある者は、他の者よりも読解力や推論する力に長けていた。ある者は、他の者よりも内容を学ぼうとする意欲があった。対人関係、コミュニケーション、社会的なスキルが高い者もいた。そのような違いはあっても、彼らは一丸となって一つの活動をやり遂げた。自分たちならできると信じていた。実際、彼らは過去に同じような課題を成功させたという裏づけをもっていた。その結果、彼らはより多くを学んだ。この経験は、将来起こりうる課題（プレゼンテーションやディベート）のためにも重要であると考えたのだ。しかし、それ以上に重要なのは、集団の価値と、他者が世界を理解するのを助ける方法を理解したことである。

Chapter 2 コレクティブ・エフィカシーになぜ注目するのか

みなさんは、学校生活でどんなことを思い出すだろうか。友人、偉大な教師、特別な行事などを思い浮かべるだろう。協働学習を重視し、チームプレーヤーを育てる必要があるという訴えや、チームに「私」はいない(「私」はここにいるのに)と訴えかけたことも思い出されるかもしれない。また、個別学習や、すべての子どもの成長を重視すること、そして、子どもをひいきしないでというクレームも思い出すかもしれない。その一方で、年齢別にグループ分けされた20~40人の子どもたちを一つの部屋に集めるという学校教育の雛形があり、私たち教師には、多くの場合、情報や求められる知識を詰め込んだカリキュラムを提供することが期待されている。積極的な交流とチームワークを主眼に置いた生徒のグループ分けを延々と行なう一方で、試験や課題は生徒に一人でこなすように求め、個別に採点される。これは何とも複雑なメッセージである。

学校で働く人なら、延々と続く会議で座って話を聞いているうちに、「この時間をもっと有効に使えるのに」と思ったり、他の人と一緒に仕事をするように言われても、「一人でやったほうが早いのに」と思うことも多い。そんな中、可視化された学習(Visible Learning®)の新たな最重要点は「教師のコレクティブ・エフィカシー」だという調査結果が発表された。それって何だろうか?

コレクティブ（集合的）とは、チームや群衆の知恵、他者から学ぶことを意味する。しかし、私たちの多くは、協働活動はある状況下では、しばしば有意義でないことを知っている。確かに、教師は自分たちの効力について、もっと頻繁に面と向かって話し合わなければならない、という通達は出されていない。実際、「コレクティブ・エフィカシー」という名称は、ある種のポジティブな集団思考を意味し、ともすると目的のない集団作業を示唆するものである。この名称は、「**教師の影響力**に関するコレクティブ・エフィカシー」とするほうがより正確であろう。なぜなら、それは授業計画や教え方、授業構成やスケジューリングに対する確信にかかわるものではないからである。それは、教師の高い期待とは何か、一年間のインプットに対して一年分に見合うだけの最低限の成長とは何か、カリキュラムにおける挑戦が何を意味するかを理解することであり、生徒が次のレベルに進むのに十分な教材を習得したといえる満足のいくエビデンスとは何かについて合意することである。その中心にあるのは、基準の適正化に同意し、これを高い信頼性と集団性、そしてエビデンスに基づいたやり方で行なうことである。つまり、「コレクティブ・エフィカシー」という概念には目的があるはずだ。

人の集まりを**コレクティブ**にするためのリソースはいくらでもある。空港の書店に行けば、群衆の知恵、チームをうまく運営する方法、企業や学校、政府において人の「集団」を率いることの重要性などに関する本をたくさん目にすることだろう。リーダーシップの本質は、人やグループを意図どおりに動かすことに大きく関係しており、近年では、どのようにすればリーダーがポジティブな環境と高い信頼を築き、「コレクティブ・エフィカシー」を発揮して、最大限の成功に導くことができるのかに関心が高まってきている。

コレクティブ・エフィカシーに関する膨大な文献から得られた私たちの見解の一つは、それが簡単ではないということである。みんなで努力を重ねることが価値を生むという考えにはあまりエビデンスがなく、群衆の知恵に対する研究上の裏づけもほとんどないのである。コレクティブ・エフィカシーはスローガンや呪文となり、集団として機能することをそれほど必要としなかったり、集団としての活動を実現できなかったり、成功する体制が整っていない多くの状況に適用されたりしている。したがって、群衆の知恵やコレクティブ・エフィカシーには魅力があるにもかかわらず、多くの状況においてこれらの概念を裏づけるエビデンスはほとんどない（Rowe, 2019）。というのも、このような知恵は、たんに個人を混ぜ合わせて、クリームをつくることだと多くの人が思い込んでいるからである。しかし、各個人は、自身の役割、他者の役割、そして大勢の中で活動することの意義について、一連のスキルや期待や信念を集団に持ち込む。私たちのこれまでの経験が証明するように、グループで行動することはそれほど有益ではない。グループの中での感情や支配欲や遠慮しがちな気持ち、集中が途切れることなどをマネジメントするのは簡単ではなく、一人で仕事をするほうが容易なのだ。

しかし、その一方で、コレクティブ・エフィカシーとそれがグループの成果に与える影響に関するエビデンスも存在する。もしかしたら「群衆の知恵」と呼ばれるものの中には、チームを効果的なものにするための重要な要素が欠けているのかもしれない。あるいは、そもそも集団で取り組む価値のない活動もあるのかもしれない。ここでは、コレクティブという概念を探究し、チームが自分自身や自分たちの努力の結果に対し、より大きな影響を与えることができる方法を考えてみよう。

1 コレクティブ・エフィカシー

アルバート・バンデューラ（Bandura, A.）は、グループの力量についての確信が、より大きな成功と関連するようだという考察に基づき、「コレクティブ・エフィカシー」という用語を考案した（Bandura & Walters, 1977）。言い換えれば、人が自分のチームに寄せる安心感や信頼が、チーム全体のパフォーマンスに影響を与えるということである。これは、チームの活動の成果に対する確信だけでなく、チームで活動することで成果を高めることができるという確信であり、コレクティブ・エフィカシーの中核になるものである。**Point!** 個々が一致団結して課題を克服し、意図した結果を出すことができるという信念を共有するグループは、より効力を発揮する。たとえば、犯罪を未然に防ぐために隣人同士が団結できるという信念を共有しているコミュニティでは、暴力が大幅に減少する（Sampson et al., 1997）。企業では、チームメンバーがチームの能力について肯定的な信念をもっている場合、創造性と生産性が高まる（Kim & Shin, 2015）。

グループで活動するためのスキルと自信を身につけるには、３つの核となる属性が存在し、中でも生徒のコレクティブ・エフィカシーを高めるために不可欠なのは、グループのほうが個人よりも価値を高めることができるという信念である。生徒でも大人でも、グループ内の一人ひとりが確信をもち、チームで働くスキルを身につけ、チーム全体のパフォーマンスと各個人にとっての価値を確信する必要がある。これが揃えば、個々のメンバーにとっても、チームにとっても、より大きな成果をもたらすことができる。

これは、多くの学級で起きていることとは対照的な姿であり、グループに分かれて座っていても、9割の生徒は一人で活動している。少なくとも半分の時間は（それ以上でないとしても）教師が話している。生徒たちはしばしば「やる」ことを命じられるが、必ずしも学習するわけではない。悲しいことに、多くの学級では、生徒が仲間と話す時間は全体のわずか5％しかないのが現状だ。そのため、生徒たちは、協力し合うことでプロジェクトの成果を高めることができるという確信をもつにいたる理由と経験が不足している。さらに、生徒が互いに話をするとき、学習についてではないことが多く、このような私的な会話で間違った情報を補強してしまうことがあまりにも多いのである（Nuthall, 2007）。

オンライン授業では

オンライン学習では，上記のような状態を変え，生徒がより頻繁に仲間と会話し，交流できるようになることが考えられる。また，生徒が単独ではなく，集団で活動する機会を提供することもできる。しかし，オンライン学習のリスクは，学校教育のこうした問題点のいくつかをオンラインで再現してしまうことである。

2 教師のコレクティブ・エフィカシー

コレクティブ・エフィカシーに関する研究には説得力があり、この研究が何十年も前から行なわれていることに注目することが重要である。教師のコレクティブ・エフィカシーが「可視化された学習の新たな最重要点」であると宣言することは、大きな誤解を招きかねない。実際、それは目新しいものではない。メタ分析を行なうには、多くの先行研究を必要とする。エールズ（Eells, 2011）は教師のコレクティブ・エフィカシーに関する26の研究を、ノリス（Norris, 2018）は24の研究を探し出した。この２つのメタ分析の研究を統合すると、１９９４年から２０１３年までに、２２２９人の教師に関する35の研究（それぞれのメタ分析で12の研究が引用されている）があり、算出された平均相関は０・54（d＝1.27）であった。このことから、コレクティブ・エフィカシーは、（少なくともこの原稿を書いている時点では）歴代の影響力の上位５位に入っている。ここから導く私たちの結論は、これは非常に意味のあるものであり、追求する価値があるということである。

教師のコレクティブ・エフィカシーの平均値は非常に高いが、その効果にはまだかなりのばらつきがあり、効果量の大きさに影響を与える重要な特性や調整因子が存在しないわけではない。エールズは、読解の効果が最も大きく、社会科の効果が最も小さいと報告している。ノリスは、読解と数学の両方に高い効果を見いだした。また、ノリスは、学校の社会経済的地位、研究に参加した教師の数、研究が発表されたか否かに関連した差はないことを突き止めた。教師のコレクティブ・エフィカシーは、概して非常に大きな影響を与えるようだ。

確かに、これらのメタ分析は教師に関するものであるが、本書はその中核となる考え方を生徒に対するコレクティブ・エフィカシーに当てはめたものである。生徒に適用する場合も同様に、起こりうるモデレータ（調整因子）に注意する必要がある。学習のねらいと達成規準の性質（第6章）、教え方、課題、活動（第5章）、アセスメント（第8章）に注意を払う必要がある。これらは、生徒の能力、確信、グループ活動の成功の伸びしろに多かれ少なかれ影響を与えるからである。先に述べたように、可視化された学習の高い効果のすべてから得られる重要なメッセージは、可視化された学習というより大きな物語の一部にコレクティブ・エフィカシーを含めているということである。これには、高い期待、明確でやりがいのある達成規準、成長、高い学力、理解の深さの意味について他者を批評し、調整することが含まれる。

教師のコレクティブ・エフィカシーが「新たな最重要点」ではなく、**Point!** **生徒の学習に影響を与えるものについて、コレクティブ・エフィカシーは重要なメッセージを確認するのに役立つと**宣言したほうがよかっただろう。言い換えれば、教師のコレクティブ・エフィカシーを含む可視化された学習のどのエビデンスも、教師が次のような協力をすることで、生徒の学習への影響が高まることを示唆しているのである。

・生徒の学習活動への影響（働きかけ）を計画し、評価し、批評する

・生徒への期待に磨きをかける
・「影響」の意味を詳しく説明する
・自分たちの力を発揮するための確信を深める

重要なのは、こうした努力の積み重ねによって、教師はリスクを恐れず、新しいアイデアを受け入れ、教壇に立ち続けられること、障がいのある生徒や問題児に対してより前向きな姿勢をもち、学校の改善に深くかかわり、学校や職業に対してより前向きな感情や姿勢を維持できるようになること、そして、新しいアプローチに挑戦することができるようになることだといえる。

これは、グループでの活動、単独での活動、他の教師との活動がいつ最適であるかを知っている教師が、協力し合う力について語る際に大きな影響を及ぼすことを示している。また、教師が安心して互いの学習を批評し、探究し、評価できるように高い信頼関係を構築すること、全員がチーム学習に準備して参加すること、そして集団

オンライン授業では

生徒の学習に与える上記のような影響は，それぞれオンライン学習で達成することができる。教師は，同期および非同期の授業の計画を併せて立案することができる。実際，互いに授業を共有することもできる。ある本やトピックに最も熱心な人が，生徒全員を対象としたインタラクティブなビデオを作成し，チームでそれを共有してはどうだろうか。さらに，バーチャルな授業参観を通じて，教師グループは生徒への期待に磨きをかけ，生徒の学習への影響を判断することができる。そうすることで，自分たちの取り組みが生徒にとってよい結果をもたらしているという確信など，コレクティブ・エフィカシーを高めることができる。

的影響から得られる成功を分かち合い、喜び合うことが重要なことを示している。その目的は、生徒の達成に対する高い期待や、**教えること**とは対照的に**学ぶこと**に焦点化した共通の言語や、生徒の学習の成功と失敗はむしろ教師として何をするかしないかであるという共通の信念、そして実践上の問題をともに解決するという共通の価値を特徴とする学校文化を発展させることにある。私たちは、これらのメッセージを用いて、生徒のコレクティブ・エフィカシーの事例を開発していくつもりである。

教師（および生徒）の中には、同意しない人、かかわりたくない人、自分たちだけで自分のやり方で教えたり学んだりしたい人、また、教職員や学級には、率直に言ってそれほど社交的ではない人もいるかもしれない。つまり、彼らは集団で仕事をすることにあまり確信がもてないのである。集団の中では、社会的手抜き（social loafing）[*1]や、疎外感や否定的な態度、派閥が形成される場合がある。承認、フィードバック、やりがいがないばかりか、情報操作、受動的攻撃行動、個人的利益のための妨害行為が行なわれることもある。参加意欲の欠如や自己満足に陥ることもある。集団は、作為的な話を重ねて人を引き込もうとすることもある。容易に思い浮かべられるかもしれないが、ハーグリーブス（Hargreaves, 2001）は、あらかじめ時間と場所が決められていて、管理的に統制され、強要され、履行することを重視する作為的な同僚関係を長い間注意喚起してきた。チー

＊1 単独で作業するよりも、集団で作業をしたときのほうが、一人当たりの生産性が低下する現象のこと。

ム内には対立する派閥が存在しうる。そして、「でも、それはうちのやり方じゃない」と言われることもある。チームが成功するためには、実に多くの障壁がある。集団が存在するからといって、必ずしも前向きで強力な改善プロセスが備わっているとは考えないほうがよい。しかし、それがうまくいったときには、格別の力を発揮することだろう。

しかし、本書は教師のコレクティブ・エフィカシー（それはそれで強力だが）についてではなく、これらの有力なメッセージを**生徒のコレクティブ・エフィカシー**に転換させることについて述べている。確かに、生徒のコレクティブ・エフィカシーを実証するメタ分析はないが、この概念を提唱し、執筆するための有力な根拠となりえる知見は数多くあり、本書がこのテーマに関するさらなる研究の動機となることを期待している。たとえば、協働学習に関するエビデンスがある。50万人の生徒を対象とした4000以上の研究に基づく、協同（協働）学習に関連する48のメタ分析があり、平均効果量は0・42（se=.12）であり、300の影響力のうち139位にランクされている（www.VISIBLELEARNINGMetaX.com を参照）。このように、協働学習は有益な教育的介入の一つであるが、この全体的な効果を向上させるためにもっと多くのことができるはずである。もし群衆の知恵が正しいのであれば、なぜ協働学習は教師のコレクティブ・エフィカシーに近い効果量を有していないのだろうか。私たちの結論は、協働学習はすばらしい構想であるが、もっと多くのことを必要としているというものである。図2-1は、可視化された学習のバロメーターにおける協働学習と教師のコレクティブ・エフィカシーの両方の効果量を示している。生徒のコレクティブ・エフィカシーは、協同的（協働的）な考え方に関する知見に基づいているが、それよりもはるかに大きな効果を示している。それゆえ、本書で着目しているところでもある。

本書は、コレクティブ・エフィカシーが生徒にとってどのような場合に威力を発揮するのか、コレクティブ・エフィカシーの恩恵を最大化するための条件をどのように整えるか、そしてどのような課題の属性が集団の活動に最も資するのかを明らかにすることを目的としている。本書は、可視化された学習（Visible Learning）の膨大な研究成果をもとに、生徒への影響に関する多くの主張を組み立て直し、生徒がチーム内で活動することに高い信頼とスキルをもつよう指導することには驚くべき効果があることを示している。

3　生徒のコレクティブ・エフィカシー

教師のコレクティブ・エフィカシーに関するこれらの研

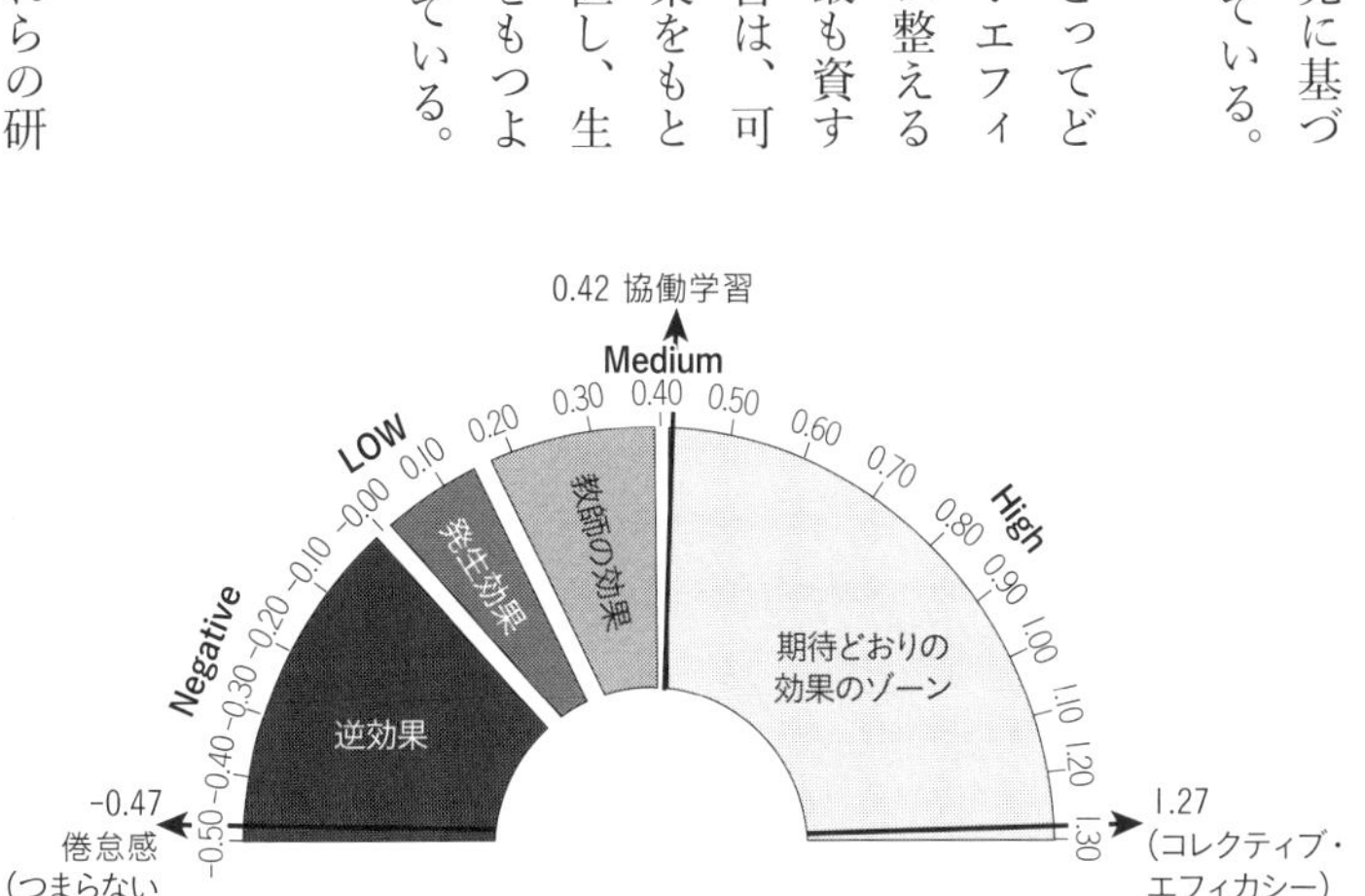

図 2-1　可視化された学習のバロメーター図

究結果と実証された影響を考慮すると、生徒のコレクティブ・エフィカシーも同様に学習にプラスの影響を与えるはずだと考えずにはいられない。バンデューラなどの主張と、教師のコレクティブ・エフィカシーに関する研究から、生徒のコレクティブ・エフィカシーが学習効果をさらに高める可能性があることを提案する。そのためには、生徒一人ひとりに以下のことが必要である。

- 課題に有用な貢献をし、チームの一員として活動を成し遂げる能力への確信
- 自分自身のために活動するスキルとともに、チームのみんなとともに活動するスキル
- 適切な行動方針を立案し、実行するためのチーム力に対する信念の共有

コレクティブ・エフィカシーを活用するためには、生徒のスキル、動機、心性を確かめることが重要である。また、教師が実施する課題、アセスメント、達成規準、教え方を検討することも重要である。

生徒のコレクティブ・エフィカシーとは何かについても、はっきりと宣言しておく必要がある。私たちは、協働するためのグループ分けや協同学習、あるいはたんに生徒がグループに分かれて座れるように机を並べ替えることなどについて話しているのではない。また、生徒が共通の目標に向かって努力したり、問題のさまざまな部分に取り組み、その解決策を単純につなぎ合わせたりすることについて述べているわけでもない。従来のグループワークの中には、コレクティブ・エフィカ

シーを損なうようなものも存在する。

協同学習を擁護してきた人たちは、コレクティブ・エフィカシーの育成の重要性をほのめかしている。たとえば、ジョンソン兄弟（Johnson & Johnson, 2009）は、協同学習に必要な5つの要素を提唱している。

1．目標、報酬、資源、役割、課題などの面で、メンバー間に肯定的な相互依存関係が存在すること
2．メンバー全員が、個人とグループに対して説明責任を負っていること
3．メンバー間の促進的な相互作用があること（例：互いに励まし合う）
4．メンバーが適切な社会的スキルを用いること（例：正確かつ明確にコミュニケーションをとる）
5．グループメンバーは、過去の協同的な行動を振り返り、今後どのように行動するかを決定するグループでの調整（group processing）を行なうこと

この5つの協同学習の基本要素はコレクティブ・エフィカシーの育成にも当てはまるが、グループの力を引き出すことや、グループにうまく貢献できるという信頼を高めること、各個人でやるよりもグループのほうがよい結果を生み出せると確信することといった、コレクティブ・エフィカシー

の育成において核となる考え方の重要性は特に強調されていない。

生徒のコレクティブ・エフィカシーを達成するために、私たちが特定するさまざまなスキルが存在する。私たちは、それらを「私」スキルと「私たち」スキルに分類している。どちらも生徒のコレクティブ・エフィカシーを発揮させ、よりよい学びを確保するために必要なものである。

4 「私」スキル

「私」スキルは、集団に貢献するための個人のセルフ・エフィカシー（自己効力感）、グループが成果を上げることができるという確信、そして課題を遂行するグループの信頼に基づいている。「私」スキルは、ゴルディロックスの原理*2に左右されるものであり、自信過剰はしばしば成績不振につながる（Dunlosky & Rawson, 2012）。自信過剰な生徒は、他者の意見に耳を貸さず、自分の道が唯一の正しい道だと信じてしまうからである。あまりに自信のない学習者は、能力や粘り強さといった内的資源を自分がもっていることを疑い、課題を完遂するための外的資源（教師の指導や教材）の有用性を疑ってしまうのである（Stirin et al., 2012）。Point! うまく調整された「ちょうどよい」程度の自信をもつ学習者は、他者を社会的に認識しても、社会的比較（social comparison）*3に多くの時間を費やすことはない（Maclellan, 2014）。また、生徒のコレクティブ・エフィカシーの信念は、個人のエフィカシーへの信念と弱いながらも正の相関があるようなので（Pina-Neves et al., 2013）、個人がもつ自信の高さとグループワークへの自信を混同してはいけないことに注意したい。

その他に重要な「私」スキルとしては、自身を学習者とみなすこと、自分は成績優秀者か下位者かという信念にとらわれないことなどがあげられる。最も重要なのは、過去の成績に関係なく学ぼうとする意欲である。困難に立ち向かい、それを受け入れるしなやかさをもち、失敗も学習の機会となりうることを理解することである。それはグループ内で課題を遂行する個々の能力と課題に対する認識を共有し、目標を共有する能力を備えることである（Panadero & Järvelä, 2015）。

高いパフォーマンスを発揮しているグループの各メンバーは、進捗状況を共有し、その評価に照らしてパフォーマンスを調整している。つまり、自分たちのプロセスや影響を評価するためのアセスメント能力や心構えを身につけるということである。また、グループのモチベーションを高める取り組みや感情のコントロールも共有している。グループでの活動には、ゴールを設定する、指示に従う方法を決める、課題の構成要素を整理する、課題を克服する方略を立てる、情報を共有したり明確にしたりする、課題解決に必要な行動をとり続けるといった個人のスキルが必要となる。

＊2 イギリスの童話『3びきのくま』に出てくる女の子の名前に由来し、「ちょうどよい程度」を意味する。
＊3 自身と周囲の人とを比べることで、社会における自身の位置を確かめようとすること。

また、個人やグループの成果を評価したり、説明したり、課題を特定したり、達成規準に最もよく到達するための対応策を決定するときのスキルもある（Pandaro et al., 2015）。グループ内の個人が、課題や行動ではなく、内容を理解するためのモニタリングに集中できるようになると、より理解を深める機会が得られる（Rogat & Linnenbrink-Garcia, 2011）。

このような調整は対立や混乱を招く可能性があるため、対立の解消、交渉の仕方、コミュニケーション・スキルなどの「私」スキルが、グループを成功に導くのに役立つ。生徒は、好ましいチーム内の葛藤を認識し、それを奨励し、望ましくないチームの対立を阻止すること、非評価的に話を聞き、積極的に傾聴するスキルを使うこと、集団内の非言語的メッセージを認識・解釈すること、他者への、また他者からのフィー

オンライン授業では

オンデマンド学習で提供するコンテンツは，完成させるべき課題のリストではない。そうであれば，生徒たちは課題を終わらせることに集中し，個別的・集団的な学習はしなくなる。そうではなく，グループは自分たちの理解度に着目し，定期的にその進捗状況を確認する必要がある。たとえば，次のような４段階の体系的な基準を使って，集団としての理解をアセスメントすることができる。

1　自らの成功を説明することができ，他者に教える姿勢が見られる。
2　自分の学習は自分で行ない，理解を深めるために協働学習ができる。
3　進歩しているが，もっと練習が必要である。
4　学習の旅を始めたばかりで，もっと手助けが必要である。

ドバックを求め、聞き、理解すること、積極的な傾聴スキルだけでなくコミュニケーションの表向きのスキル（たとえば、アイコンタクト、非言語的スキル、ジェスチャー、ボディランゲージ・スキル、副言語など）も身につけるように教える必要があるかもしれない。たとえば、気配りをする、関連づけて質問をする、説明を求める、相手の感情に気づく、要約して言い直すことができる、などがあげられる。さらに、効果的なコミュニケーターは、明確に説明し、エビデンスを提示し、発言権を得たり譲ったりして、グループの課題を前進させることができる。

「私」スキル

- 自分自身に対する「ちょうどよい」程度の自信とグループに貢献する能力
- 自分が学習者であることを認識する能力
- グループの目標を設定する能力
- 指示を受けながら、協力し合ったり、役割を任せたりする能力
- チャレンジすることを識別したり困難を克服したりする能力
- 口頭でのコミュニケーション・スキル（争いの解決、交渉、望ましい議論）
- 非言語的コミュニケーション・スキル（アイコンタクト、ジェスチャー、ボディランゲージ、表情、声のトーン）

5 「私たち」スキル

コレクティブ・エフィカシーを発揮するには、特定の「私たち」スキル（グループ全体が共有するスキル）も必要である。特に社会的感受性（social sensitivity）*4が必要である。つまり、生徒が相手の立場に立ち、相手の視点から世界を見ることができるか、ということである。これには、間違いを認めたり他者をありのままに受け入れたり、他者の考えや感情を読み解き、理解したり、社会的な問題を解決したり、他者やグループの気持ちや感情に共感したり、他者に耳を傾けそれを示すことができるといった能力が必要となる（Bender et al., 2012）。もし生徒がこの社会的感受性という「私たち」スキルをもっていなければ、教師はこのスキルを教える必要がある。このスキルは、生徒が将来的にグループで活動する際に重要な役割を果たす。さらに、社会的感受性から派生したいくつかの「私たち」スキルがある。

潜在力：このグループで「私たちは成功する」と信じるスキルを潜在力（potency）という。グループの潜在力という概念は、シアとグッツォ（Shea & Guzzo, 1987）がチームの有効性を決定する重要な要素であると提唱したものである。グループのメンバー間の潜在力が高ければ高いほど、集団の成果はより確かなものになる。そのため、グループ内での話者交替（turn-taking）は非常に重要である。この話者交替には、相手の間を予測し、重ならないようにすることが含まれる。生徒が積極的に相手の話を聞き、話し手がいつ終わり、次の発話がいつ始まるかを予測し、聞き手がいつ話すか、次に何を話すかを決められるようになると、フロー（Flow）*5は高くなる（Holler et al., 2016）。

社会的手抜きをし、行動規則に同意しない、個人の説明責任を果たさない、グループに誠実に向き合おうとしない、進歩を評価しない、対立、不参加、離脱、スケープゴート、いじめ、不規則な出席、攻撃的行動、口論に対処しないなど、成功を阻む多くのスキルやその欠如が存在する。これらの障壁の中で最も手ごわいのは、おそらく社会的手抜きだろう。社会的手抜き（social loafing）とは、グループ内の個人が、個人で活動するときよりも集団で活動するときのモチベーションや努力を低下させることである。社会的手抜きを行なう生徒は、集団で活動する場合、自身の努力が価値ある成果につながる可能性が低いと考えている。彼らは、座っているだけでほとんど貢献しないが、グループの他の人の集団作業から利益を得ている。カラウとウィリアムズ（Karau

*4 互いの感情を理解しようとすること。
*5 流れ、循環、淀みなく進む・滑らかに続くこと。

オンライン授業では

社会的手抜きは，オンライン学習でも起こりうる。本書で後述するように，課題設計は教師が行なうことのできる重要な予防策である。さらに，自身の取り組み具合について生徒から振り返りを求めることで，生徒が自分の努力不足を認識し，取り組むように促すきっかけにすることができる。重要なこととして，仲間の取り組み具合を生徒に報告させることは，逆にグループのコレクティブ・エフィカシーを低下させる可能性があることがあげられる。

& Williams, 1993）は、78の研究に基づいて社会的手抜きに関するメタ分析を行なった。彼らが検出した効果量（−0.44）は、グループの成果に対する実質的なかなりの負の影響である。これは、生徒が集団よりも一人（または他者がいるときでも、他者のインプットと組み合わされることがない場合）のほうが、一生懸命に作業することを示すものである。

「私たち」スキル

・社会的感受性（共感、間違いを認める、他者を受け入れる）
・潜在力
・一緒に課題に取り組む意欲
・順番を守る能力
・グループやチーム内での柔軟な役割分担
・みんなで成功させるという決意
・継続すること、期限を守ることへの連帯責任
・対等な立場の仲間として、互いに責任をもつこと
・セルフ・エフィカシーを低下させることなく、互いをサポートするフィードバックができること

社会的手抜きが起こりやすいのは、個人のアウトプットが集団で評価できないか、評価されない場合や、意味が見いだせなかったり自分との関係性が薄いと思われたりする課題に取り組む場合、

グループレベルの比較基準がない場合や、見知らぬ人と仕事をする場合、などである。集団の結果に対する自身のインプットが他のグループメンバーのインプットより少ない場合、および集団的成果へのインプットが他のグループメンバーのインプットと重複している場合である。

「私」スキルと「私たち」スキルを身につけるための教師の役割と、生徒がこれらのスキルを身につけるための課題、条件、評価のつくり方という観点で本書は構成されている。私たちは、この教授と学習を、個別のスキルとして発展させるのではなく、さまざまなカリキュラム領域の内容の中で行なうことを推奨している。たとえば協働的な問題解決など、21世紀型スキルに関する現在の多くの議論では、現行のカリキュラム領域に沿った適切な課題の中で、これらのスキルを伸ばすことから切り離されている。これらのスキルを一般的な方法で教えても、多様なカリキュラムの中でうまく使いこなすことができないというエビデンスが多数存在する。

6 生徒のコレクティブ・エフィカシーにおける教師の役割

次章からは、教師と生徒の役割に焦点を当てる。課題、アセスメント、達成規準、最適な教え方の方略を選択する力量を有するのは教師である。まず、集団と個人の達成規準の性質と、グループの設定とチームメンバーの適切な役割を確立するための最適な方法について説明する。次に、生徒のコレクティブ・エフィカシーのための課題の性質について考える。すべての課題がグループ活動に適しているわけではない。課題間の相互依存性が最も高く、生徒間の調整やコミュニケーション、協同を促すものは、コレクティブ・エフィカシーの発達を最も大きくしてくれる（Gully et al., 2002; Katz-Navon & Erez, 2005）。私たちは、先行研究（Steiner, 1972）に従い、異なるタイプの相互依存的な課題を、加算型、補完型、結合型、裁量型に区別している。

課題には、適切なやりがい（難しすぎず、簡単すぎず、退屈すぎず）が必要だ。また、個人やグループによるミスや間違いを学びの機会ととらえ、他者の見解やスキル、判断が尊重されるような、安心していられる文化の中で行なわれる必要がある。課題に取りかかり、実行し、完成させる際に、動機づけの側面に注意を払う必要があり、教師およびグループメンバーからの最大限の形成的フィードバックを必要とする。

生徒に集団で活動をさせ、それを個別に採点することに意味はない。しかし、集団を評定することにも問題がある。私たちはすでに、グループにおける社会的手抜きの問題を指摘した。グループの課題に熱心に取り組み、貢献しているメンバーが獲得した成果の恩恵を、なぜ手抜きをした人が受けなければならないのだろうか。目的は、すべてのメンバーが集団での成功を経験し、喜びを感じ、課題を引き受け遂行する過程で、内容的・社会的知識を身につけることなのである。

7 コレクティブ・エフィカシーにおける生徒の役割について

幼児期から子どもたちはグループで生活し、活動をし、遊ぶことを学んでいる。彼らは多くの学習課題において、ある程度の協働スキルを身につけているが、場合によっては他者と協働することが苦手な状態で取り組んでいる。私たちは、まずスキル開発のサイクルを見ることから始め、コレクティブ・エフィカシーを効果的に高めるために生徒が身につけるべき「私」スキルと「私たち」スキルについて、より詳しく議論を展開していくことにする。

バンデューラによって提唱された、個人のセルフ・エフィカシー（自己効力感）の研究（Bandura & Walters, 1977）に戻ることが最も価値があることである。これは、ある特定の結果を生み出すために必要な行動を実行する能力についての生徒の信念である。生徒は自身のモチベーション、行動、社会環境をコントロールできるという確信をもっているだろうか。この概念のすばらしさは、教えることができるとしたところにあり、適切に挑戦的な課題を賢く選択することでポジティブな効果が得られる。そして生徒へのフィードバックによって影響を与えられるところである。この文のキーワードは「適切に」であり、簡単すぎるとつまらないと思われ、難しすぎるとその課題を完遂したり、達成規準を満たすために費やすだけの価値がないと思われたりしかねない。**Point!** 教授学の極意は、生徒一人ひとりのこれまでの学習経験や成功体験から、何が適切なチャレンジなのかを知るところにある。

ほぼすべての生徒が、自分の活動や学習、自分自身に対して自信を抱いている。一歩進めて、エージェンシー（agency：主体性）は、生徒が行動を起こし、自身の運命を切り開いていく能力に関するものである。エージェンシーはダイナミックなものであるが、波があり、課題の状況によって変化する。そのため、多くの場合、教師が生徒のエージェンシーを徐々に始動させる（解放する）ことで教えることができる。自信とエージェンシーが重要になる主な例として、間違いや誤認、混乱や誤解について見てみよう。生徒の中には、間違いは、自分が知らないことや、愚かさや学習がうまくいっていないことの証（あかし）だと考える人がいる。一方、間違いは価値ある挑戦であり、新しい学習の機会であり、自分がまだそこに到達していないことを示す指標であると考える生徒もいる。ここで、レジリエンス、成長マインドセット、対処方法（coping strategy）の概念が重要になる。

グループで活動する場合には、注意深くなる、関連する質問をする、説明を求める、相手の感情に気づく、要約して言い直すことができる、明確に説明する、エビデンスを提供する、交互に話す、グループの課題を前進させる、などの重要なコミュニケーション・スキルが求められる。グループワークの成功と最も相関の高いことの一つに、交互に話すことがあげられる。自分の学級で交互に会話することが多いか調べてみよう。あるいは、誰かがあなたの学級に入り、グループの活動を観察して、交互に会話する様子をマッピングすることを検討してほしい。私たちは、幼い頃から代わりばんこに会話することを学ぶが、このスキルがじょうずになる人もいれば、そうでない人もいる。このスキルには、相手の注意を引きつけ維持する方法、共通の認識をもつこと、誤解されたときに修復すること、貢献するために何が適切かを判断することなどが含まれる。子どもたちが交互に会話するようになると、自分のやったことが無意味に感じられたり、(長すぎたり短すぎたりして)交互に会話する順序性を乱そうとしたり、知り合いや信頼している人(大人や仲間を含む)と交互に会話する態勢を整えるようにする子もいる。交互に会話する順序性を守り、グループに貢献するスキルを身につけるには、会話の中で他者から得られる最新情報やフィードバックが非常に重要な役割を果たす。

「私たち」スキルの役割と成長について言及し、他者の社会的感受性を開発すること(まさに、交互に会話するためのコア・スキル)の重要性を探ってみよう。よい知らせとして、社会的感受性は教え、育て、発達させることができるし、私たちはこのスキルを教えるためのいくつかのプロセスを紹介することもできる。このスキルは効果的である(潜在力がある)というグループの確信は、教えることができるし、教える必要がある。

オンライン授業では

代わりばんこの会話(ターンテイク)を増やす方法の一つに，課題を構造化し，役割を割り当てるものがある。たとえば，ある教師グループは，ブレイクアウトルームの役割を次のように設定した。

- **ホスト**：講師と連絡を取り，質問や懸念をグループ内で共有する。
- **ファシリテーター**：シェアする人を募り，各人の順番を見守る。
- **記録係**：ブレイクアウトルームで，共有した人の名前を必ず入れてメモをとる。
- **報告者**：グループの反応をまとめ，クラス全体で共有する。

「私」スキルを伸ばす

新学期が始まって数週間、ジェシカ・ロウ教諭のクラスの生徒たちは、英語の授業の一環としてレトリックを学んできた。彼らは、著者が自身の考えを裏づけるために、論理や感情、倫理をどのように利用しているのかに注目しながら、いくつかの一般的な報道記事を分析した。まず一人ひとり文章を読み、その後クラス全体で討論する。しばらく時間が経ってから、ロウ教諭は、レトリックを取り込むように設計されたグラフィック・オーガナイザー[*1]を用いて文章を分析するよう、生徒たちを促す。生徒たちは、ロウ教諭に与えられた指示に文章でこたえる。しかし、ロウ教諭はこれが授業の最終目標でないことに気づき、生徒たちのことや生徒たちの学習に何が必要かがわかり始める。そこで、彼女は生徒たちに仲間と取り組まなければならない課題を与えることを計画する。

このシフトを紹介するために、ロウ教諭は教室のあちこちに「よりよい学習空間をつくりだすと私が信じる資質や行動は……」と書かれたポスターを掲示している。「生徒たちはグループでの学習方法を学ばないといけません。そして、そのような状況で学ぼうとしているのなら、共同体として成長することを学ばなければいけないのです」とロウ教諭は言う。生徒たちは、よい学習環境を育むと思われる資質や行動を特定するよう求められる。ポスターを見て生徒たちが思い出したことを討論し、その反応を記録するたびに、ロウ教諭は自身のコンピュータのリストを更新し続ける。１００以上のさまざまな反応が集められる。生徒たちが自分たちの考えを紙に記録し終えると、ロウ教諭はそのリストをGoogleフォームで共有し、生徒たちは自分たちのクラスで最も学習し、実践したい行動に投票するよう呼びかけられる。ここでは1時間目の授業に注目しよう。生徒たちが選んだのは以下のものである。

・アイデアを共有しよう（仲間の考えにつけ加えよう）
・必要とするときは助けを求めよう。仲間が必要とするときは助けよう
・協力的で前向きになり、よい雰囲気をつくりだそう
・助けや説明が必要なときは、自分や仲間のために、そのことを忘れずに**主張**しよう

このようなリストは、たんなる決まり文句になってしまい、生徒たちの学習を手助けする指針にならない危険性がある。ロウ教諭はそのことをわかっているので、生徒たちがコレクティブ・エフィカシーを高めるために使うことができる経験とツールの両方を与えることによって、この危険に対

＊1　思考の流れや枠組を視覚化して示すように工夫された表現、あるいは、そのような表現方法を学ばせるワークシートの総称（鈴木円「小学校社会科における「考える力」としての思考技能育成：グラフィック・オーガナイザーを活用した学習活動の提案」学苑・初等教育学科紀要（昭和女子大学）７７６、68-82頁、２００５年より）

抗しようとしている。これまで述べてきたように、コレクティブ・エフィカシーは、学ぶために共に集い、自分たち自身で学ぶことができ、また、学ぼうとしていると信じ、目標を設定しモニタリングしながら、共に学習課題に取り組む生徒の力を利用する。もちろん、すべての学習が共になされるわけではない。生徒が自分一人でする課題もある。結局、私たちの目的は、依存的な学習者ではなく、相互独立的で相互協調的な学習者を生み出すことにある。

ロウ教諭の教室に話を戻そう。自分たちの決まりづくりをした翌週、ロウ教諭は自らが作成したセルフ・アセスメントツールを生徒たちに紹介した。このツールは、生徒たちが伸ばしたいと思っている4つの観点の中の2つ、すなわち、考えを共有することとアドバイスやフィードバックを求めることに注目したものだった。彼女は生徒たちにこう話した。「私は、互いに学び合いたいという私たちが合意し、要望したことについて考えていました。そこで今日、グループで話し合うときに考慮したほうがいいかもしれないポイントをいくつかまとめてみたのです。これはまだ、たんなる思いつきの段階なので、これからみんなで改良できたらいいと思っています。他のめあてをつけ加えることができるよう、下のほうにスペースを空けておきました。今日の読解に入る前に少し時間を設けるので、この文章に目を通し、少し考えてみてください」。生徒たちがツールの項目を読み始めると、教室は静かになった。生徒たちが顔を上げ始めると、ロウ教諭はこう言った。

さあ、今日の課題です。私たちは今、レトリックとそれを使って文章を分析する方法について学んでいるところです。かなり難しい課題を選んでみました。実は歴史の授業からです。みなさんは、今週後半の歴史の授業で、別の観点からこれと同じ文章を読むことになっているので、先回りすることができるのです。この文章は「良心宣言」と呼ばれ、国務省内にいる205人の「正規の共産党員」の名簿が手元にあるというジョセフ・マッカーシー上院議員の主張に対して、1950年6月1日にマーガレット・チェイス・スミス氏によってアメリカ上院に提出されたものです。このことについては今週後半の歴史の授業で詳しく学ぶので、今日はスミス上院議員のレトリックの使い方に注目しようと思います。

ロウ教諭は読解課題を配布し、彼女が選んだ話し合いのプロトコルに注意を向けさせた。生徒たちは以下の事柄について話し合いをすることになっていた。

オンライン授業では

4つのAを用いるプロトコルはオンライン学習にも有効である。生徒たちはまずメインルームで文章を読み，その後，ブレイクアウトルームに移ってこの種の話し合いに取り組むことができる。このような構成は，生徒たちが課題をうまく終わらせる可能性を高めている。非同期型学習[†]の一部として，あらかじめビデオによってプロトコルを紹介しておくのが理想である。同期型学習[††]の際には，生徒とのやりとりやフィードバックの提供，生徒たちが思考しやすくするための時間を確保するようにする。

† 学習者が自分に合ったペースで行なう学習。

†† リアルタイムで行なわれる双方向システムを用いた学習。

・この文章の著者は、どのようなことを**仮定**（**Assumptions**）しているか？
・この文章の何に**同意**（**Agree**）するか？
・この文章の何を**議論**（**Argue**）したいか？
・この文章のどの部分を**実行**（**Aspire**）したいか？

ロウ教諭はこう言った。「まず、文章で何が起きているのかを理解するための話し合いから始めます。先ほど使った4つのA（仮定、同意、議論、実行）のプロトコルを使いましょう。文章を理解できたら、今度は用いられているレトリックについて調べます。文章を読んで話し合いする準備はできていますか？」。生徒たちはうなずいて課題に取りかかる。いくつかのグループに話を聞くと、生徒たちのコレクティブ・エフィカシーのレベルは多様であるということがわかる。たとえばあるグループでは、オマーが自分の意見を発表し、今度はアシャが自分の意見を発表した。二人の間には何のやりとりも見られなかった。彼らはたんに自分の答えを順に発表しているだけだった。オマーのグループのメンバーは、他者が話している間、ノートを取っていない。むしろ、彼らは自分の順番を待っているようにさえ見える。

別のグループでは、カシムがグループのメンバーに、自分が思うに、上院議員はアメリカが自滅して終わると思っているということを、ちょうど指摘したところだ。「上院議員がこの国のことを心配していると読み取ることは妥当な仮定だと思う。共産主義者を恐れるあまり、アメリカ人が自分たちが信じている価値観を否定してしまうかもしれないと、彼女は考えているんだ」と彼は言う。彼が言い終わる前にジャスティンが口を挟む。「私はそうは思わないわ。確かに彼女は「国家の自殺」が起こると言って感情的に訴え、皆にショックを与えることから始めようとしているということはわかるけど、だからといって、一人の上院議員のために、皆が自分の価値観を否定するとは思えないわ」。

グループが文章の意味を理解するために活動している間、会話は続く。各自が意見を発表し、他者の話に耳を傾け、意見交換した結果、自分の意見を変え、理解を深めている。彼らはコレクティブ・エフィカシーへの道を進んでいるが、それはまだほんの数歩でしかない。本書での私たちの役割は、このような道に光を当てることであり、生徒たちとともにコレクティブ・エフィカシーを構築することができる方法を提供することである。あなたは英語（国語）を教えていないかもしれないが、本書に含まれているアイデアは学年や内容分野を問わない。私たちは、教師による生徒の見方や、課題や機会の与え方、学校と呼ばれるこの場所で私たちが大切にしている生徒の学業成績（成果）に、何らかの変化が起こることを求めている。ロウ教諭のクラスの生徒たちは、課題を完成するために、個人のスキルと集団のスキルの両方を用いていたことに気がついてほしい。これは重要な見方であり、もっと説明しておく必要がある。

このロウ教諭のクラスの例を使って、個人やグループとして成功するために必要となるいくつかの「私」スキルを紹介しよう。それには次のものが含まれている。

- 知識の構築：生徒たちが考えたこととの記録と、生徒たちがグループに入る前に何を知っていて何を知らないかを確認するための診断に役立つセルフ・アセスメントツール
- セルフ・エフィカシー（自己効力感）：協力的でポジティブな活力を保ち、よい雰囲気を発すること
- 適切な目標への挑戦
- フィードバックの授受
- エージェンシー：援助や説明が必要なときに、あなた自身や他者の手助けをすること
- レジリエンス：知らないことを明確にし、他者や新しい考えに進んで耳を傾け、やり直しや練習に耐える力のこと
- コミュニケーション・スキル：話を聞いたり話す順番を交替するのと同様に、必要なときに助けを求めたり、他者が助けを求めているときに助けること

1 知識の構築

ロウ教諭のクラスでは、生徒たちは過去の複雑な文章を分析するという課題に取り組んだ。彼らは誰もこの文章を見たことはなかったが、アメリカの政治制度についての知識に加え、この文章が

書かれた時代についても多くの背景知識（予備知識）を有していた。生徒たちはグループで活動していたので、文章の意味を相談し合い、意見交換することによって文章に対する理解や認識を深めた。

グループワークに取りかかる前に生徒たちの知識構築に注意を払わないことが、活動の成功の大きな障害となっていることがあまりにも多い。第5章では、問題解決型学習（problem-based lesson: PBL）が失敗する原因の多くは、問題解決段階において、応用したり、理解したり、関与したりするための背景知識が、生徒たちに十分備わっていないためであることを指摘している。たとえば、生徒たちが問題解決段階に移るのに十分な背景知識を有していることが確認された場合には、ＰＢＬの効果量は0・15から0・50に上昇する。繰り返すが、生徒たちのコレクティブ・エフィカシーの要点は、一人ひとりの生徒が、課題にうまく貢献したり、チームの一員として活動を成し遂げたりする能力や素質に対する自信を深め、行動指針を組織し実行するための集団の能力に対

オンライン授業では

実際の学校では，多くの時間がスケジュールによる制約を受けている。オンライン学習では，生徒たちがすでに知っていることやこれから知る必要があることに基づいて，生徒が目にすることのない場所でつくられた多様な量や種類の課題を割り当てることが可能である。ほとんどの学習管理システムでは，生徒のニーズに基づいて，教師がさまざまなコンテンツを配置することを認めている。たとえば１つのトピックについて，ある生徒は対話形式のビデオを１本見ればよいのに対して，別の生徒は知識のギャップを埋めるため，３本見る必要があるかもしれない。

する共通の信念を育むことである。

この知識構築はグループで行なうことができ、そのよい実例として、ここではジグソー法*2を用いる。通常、ジグソー法の最初のラウンドでは、生徒たちは自分の知識の基礎を構築し、課題の語彙を学習し、これから取り組む問題を理解し、解読するのに役立つ課題が割り当てられる。関係構築や、次のラウンドへの移行というより深い課題に移る前に、生徒たちに必要な基礎知識があると教師が確信していれば、生徒たちはグループでこのラウンドに取り組むことができる。

2 セルフ・エフィカシー

個人のセルフ・エフィカシーから始めよう。バンデューラ（Bandura, 1986, 1997）は、セルフ・エフィカシー（自己効力感）とは、ある特定の結果を産み出すために必要な行動を実行する能力があるかどうかについての個人の信念であると提唱している。その一部は、自分自身の動機づけや行動、社会的環境をコントロールしようとする能力に対する自信である。当然、行き過ぎている場合もある。自信過剰の生徒は、実際にはあまり成績はよくない。この点についてダンロスキーとローソン（Dunlosky & Rawson, 2012）は、自信過剰の生徒は他者の考えを受け入れず、自分の道こそが正しいと信じているからだと指摘している。これは、課題を達成したり、結果を産み出したりするために必要となる内的資源（能力など）をもっているかどうかを疑っている自信のない学習者とは対照的である。また、自信のない学習者は、課題を完成するための外的資源（教師の指導、教材）の有用性にも疑問を呈す（Stirin et al., 2012)。したがって、生徒たちが自己のエフィカシーを健全で正確に理解することができるようになることが課題となる。

バンデューラが指摘したように、セルフ・エフィカシーは個人の経験や観察、説得や情動に影響を受ける。たとえば、ある特定の文章作成課題に成功すると、その生徒のセルフ・エフィカシーは高まり、次の文章作成課題に、より自信と熱意をもって取り組む可能性が高くなる。

個人のセルフ・エフィカシーを伸ばす動機づけの主な要因には、能動的な学習経験、つまり、生徒が自身の個人的成果に注目し、習熟や評価規準の対象となるような経験が含まれる。生徒たちの自信は、以下のようにして高めることができる。

・ある集団において、信用され、信頼されている人々（例：教師、親、仲間）が、成功したのはある生徒のおかげであるとみなしたとき（集団の場合には、生徒たち）
・他者が課題を達成する様子を生徒が観察し、自分自身も同じようにできる能力があるということに気がついたとき

＊2 グループでの思考方略（詳しくは156-159頁を参照）。

・習熟することに対して生徒が興奮と満足を感じるとき

・困難だがやり甲斐のある期待が実現したとき（それほど困難ではない期待が満たされた場合にはそうではない）

・他者の社会的説得が、生徒を習熟へと向かわせるのに役立つとき

・投資すること、失敗や間違いから学ぶことが「ここでは普通のこと」であり、他者もまた成功や失敗を経て習熟にいたる同じような道筋をたどっていることがわかったとき

Point! 成功が自信を生み、他者からの援助が自信を生み、学ぶことの楽しさが自信を生むのである。

このような活動的な学習経験は、強力かつ持続的であり、時間を経てもなお影響を与え続ける（Phan & Ngu, 2016）。このことは、生徒たちが自らの学習を楽しんだり価値を認めたりするよう働きかけ、現在の学習状況に応じてフィードバックを与え、学習することが学習者にとって意義深く個人的に役立つことを保証し、成功とはどのようなことなのかということを、私たちが明示する必要があることを意味している（そして、フィードバックはこのギャップを埋めるのに役立つ）。その際、このような経験が生徒たちにとって脅威ではなく、歓迎されており、学習への参加意識と自己価値を高めていることを確認する必要がある。

当然のことながら、個人のセルフ・エフィカシーはコレクティブ・エフィカシーに大きく貢献す

る。もしある生徒が、自分に必要なプロセスをわかっていて、価値ある知識と背景情報を知っていると信じていたなら、この生徒は集団に関与する可能性が非常に高くなる。さらに、セルフ・エフィカシーはコレクティブ・エフィカシーの副産物でもある。その生徒が集団での成功を経験すると、自分の貢献は価値あるものであり、自分の努力は投資に見合うものだったということを、自分に言い聞かせるようになる。このように、生徒たちは他者との経験を通じてセルフ・エフィカシーを高めている。生徒たちのコレクティブ・エフィカシーに対する信念は、個人のエフィカシーに対する信念と正の相関がある（Pina-Neves et al., 2013）。

教育者として、生徒のセルフ・エフィカシーを高める方法はいくつかある。このことについては、書籍やインターネット上によい情報が山のように溢れているし、ここではコレクティブ・エフィカシーにより注目したいので、あまり時間をかけることはしない。しかしながら、コレクティブ・エフィカシーとセルフ・エフィカシーは関連しており、互いに強化し合っていることに私たちは気がついている。これまで述べてきたように、課題を達成することに成功したという成功体験は、セルフ・エフィカシーの最も重要な源泉となる。『*The Innovator's Dilemma*（イノベーションのジレンマ）』*3 の著者であるクリステンセンは、共著者であるアルワースとディロンとともに、『*How*

＊3　邦訳は、玉田俊平太（監修）伊豆原弓（訳）『イノベーションのジレンマ増補改訂版（Harvard Business School Press）』翔泳社、2001年

Will You Measure Your Life?（イノベーション・オブ・ライフ　ハーバード・ビジネススクールを巣立つ君たちへ）』（Christensen, Allworth & Dillon, 2012）というタイトルの本を執筆した。ビジネスの専門家である彼らは、「学校に通うことは、子どもたちが片づけようとしている用事ではない。（中略）子どもが日々片づけなくてはならない二つの基本的な用事とは、成功したという達成感を得ることと、友人をつくることだ」（p.111／邦訳p.123）と述べている。次いで彼らは、生徒たちがこれらの用事を片づけるために学校は必要ではないことを私たちに思い起こさせる。遊び仲間に加わることも、ファストフード店で働くこともできるのである。そして彼らは、「学校は、ほとんどの生徒が落ちこぼれと感じるようにできている」（p. 111／邦訳p.124）と締めくくっている。もちろん、私たちはそうではないこと、つまり、成功することができること、特に他者と一緒に成功できることを生徒たちに教えたいのである。

3　適切な目標への挑戦

教師と生徒が学習の目標を理解すると、学習効果は高まる。実際、学習目標の有無による効果量は0・51である。しかし、目標の種類は重要だ。生徒が退屈してしまうので、たやすく達成できる目標ではいけない。また、生徒が適切な時間内に到達することができないほど、複雑なものであってはならない。成功が動機づけを高めることを思い出してほしい。このように、適切な目標に挑戦することが重要なのであり、その効果量は0・59である。学習課題は、学習目標に沿ったものにする必要がある。自分たちが問われていることは何かということや、どのようにしたら自分が成功しているということがわかるのかということを、生徒たちが理解できるように課題を構造化する必要がある。教師が生徒たちに進捗管理ツールを提供すると、生徒たちは成功の近似値を経験することができ、自己のセルフ・エフィカシーを高めることができる。たとえば、アイザック・スティーブンス教諭の第3学年のクラスでは、子どもたちが物質の状態について学んでいた。スティーブンス教諭は、子どもたちにこれから物質の3つの状態について学習することを知らせた。教諭は、「私たちが学んでいる物質の状態はいくつありますか」と尋ねた。子どもたちは一斉に「3つです」と答えた。するとスティーブンス教諭は、「パートナーのほうを向いて、パートナーに私たちが学んでいる物質の状態がいくつあるか教えてください」と言った。子どもたちはそのようにした。「ほら、もう勉強したでしょう。物質には3つの状態があることを、みなさんはすでに知っています。でも物質とは何か、状態（state）とは何

オンライン授業では

チャット機能は，生徒たちが素早く成功体験を獲得するのに有効な手段である。離れた場所から教えている場合，子どもたちにチャットで返答を入力させたあと，3つ数えてから送信させるとよい。こうすることによって待ち時間ができるので，子どもたちが最初に答えた人の回答をコピーできなくなるだろう。

かを知らなければいけません。テキサスやフロリダのことではないですよ。この状態（state）という言葉には、いろいろな使い方があります。みなさん自身の学習をモニターするためのチェックリストをつくりました。このリストのどれか一つに確信がもてたら、パートナーと確認したあと、みなさんが学んだことを私に見せてください」とスティーブンス教諭は言った。

チェックリストの項目には以下のようなものがあった。

・固体、液体、気体という3つの状態を言うことができる
・固体の性質を説明できる
・熱で状態がどのように変化するかを知っている

彼の場合、子どもたちが実験に取り組む際に、単元の最後まで待つことなく、区切りごとに成功を体験させる手段として、チェックリストが役立った。もちろん、生徒が自身の進歩をモニターする方法は他にもある。ここで言いたいことは、この手のツールが生徒たちの成功体験に役立つということである。

成功体験に加えて、特に仲間が苦労してコンセプトやアイデアに取り組んでいるのを見たときに、それがピア・モデルとなって、生徒たちのセルフ・エフィカシーを育み、挑戦的な課題に取り組む

意欲を高めることができるのである。ピア・モデル（peer model）には対処型と習熟型の2種類がある。対処型モデルは、課題を仕上げていく際に、外的ストレッサー*4と課題遂行に対処する能力について生徒たちがもっている信念といったものである。このモデルでは、ストレッサー自体よりもそのストレッサーに対処する方略により焦点を当てている。グループでの活動はストレッサーとなりうるが、それよりも重要なことは、障壁（自分自身や他者の障壁）と思われるものに直面した際にも、努力を惜しまず、粘り強く取り組むことができる対処方略があるということを、生徒が信じるかどうかである。対処方略に注意を向けることは、クラスメイトとともに課題に取り組むための仲間のセルフ・エフィカシー（self-efficacy of peers）を構築することにとても効果的である。教師が促し、生徒たちが成功を体験するにつれて、生徒たちは、同様の事柄を達成し習得できるということを理解するようになるのである。

１９７０～80年代まで、研究者たちは子どものストレスについて研究し、子どもの生活におけるストレッサーを低減するための多くの方法に重点的に取り組んでいた。しかし、取り組むべき問題が誤っていたために、その成功確率は低かった。この頃から、私たちがもっているストレッサーへの対処方略と、そのような方略の開発方法が注目されるようになってきた。前述した子どもたちの例では、物質の状態についてまったく知らない場合、子どもたちは課題と距離を置いたり、たまた

*4 ストレス反応を起こす外界からの刺激。

ま問題を解くことができたり、知らない自分を責めたりするかもしれない。ストレッサーは同じでも、対処方法はさまざまである。私たち教師の役割は、生徒たちがわからなかったり、脅威を感じていたり、他者と課題に取り組んでいたり、課題に取り組むのをやめてしまったときに、最適な対処方略を教えることである。対処方略には主に次の3つがある。

1. 認知的方略：ソーシャル・サポートを求める、ユーモア、問題解決、肯定的再解釈、粘り強さ、など
2. 情動的方略：リラックス、拒絶、発散、自責、など
3. 回避方略：距離を置く、撤退、内在化、外在化、期待の縮小、不適切な行動、注意を逸らす、など

認知的方略は、通常、最も効果的だが、情動的方略が認知的方略を導く助けとなる可能性もある。個人レベルや集団レベルで回避方略が見られる場合には、そのことをしっかりと認識し、再教育に取り組む必要がある。

たとえば、ブライアン・ダフィー教諭の数学のクラスで、生徒たちが指数関数の問題を話し合いながら解いている場面を聞いてみよう。イブラヒムは、最初の問題（以下の式）を解くための方法を提案した。

$2^{(2x+4)} = 8^{(x+1)}$

ホワイトボードに近づきながら、イブラヒムは「思ったより難しいな。8を2で割ろうと思ったんだけど、それだと左辺に1、右辺に4が残ってしまうので、これだとあまり意味がない。何か別のやり方を考えないといけないいな。もう少し考えさせてほしい」と言った。

しばらく待ってから、ダフィー教諭は「この問題について思い出したことがあって、今年はまだあまりやっていないのだけれど、その思い出したことというのは、指数を扱う前にまず、底を等しくするために**素因数分解**をしなければいけないということです」と言った。ダフィー教諭は素因数分解という単語に注意を向けるために声色を変えた。

イブラヒムは「ああ、素因数分解ができるんだ。8は**2×2×2**だから2の3乗に置き換えられる。そうしたら、反対側には何もする必要がない。じゃあ、これがどのように役立つのか考えてみることにしよう」と答えた。

ステファニーはイブラヒムにヒントがほしいかどうか尋ねようとして、「もし教えてほしいなら、私には考えがあるわ」と呼びかけた。イブラヒムが「うん」と言ったので、ステファニーは「ダフィー先生がもし底が等しかったら指数のことだけ考えればいいみたいなこと言ったの、覚えている？　だから左辺はそのままにして、指数に3を掛ければいいの。わかった？」と応じた。

イブラヒムはそうして次の式をつくった。

$$2^{(2x+4)} = 2^{(3x+3)}$$

彼は「うん、これでわかったと思う。底が等しいから指数だけ考えればいいんだ。両辺から3を引くと左辺に1が残り、両辺から2xを引くと右辺にxが残るから、x=1になる*5。これだ」と言った。

ダフィー教諭も「そのとおり。イブラヒムの考え方とステファニーのサポート、よかったですよ。そう、ここで大事なことを学びました。問題を解くためには、まず底を等しくしなければなりません。もう1問、今度は底がすでに等しくなっている問題を準備しました。おっと、口が滑ってしまいました。さあ、やってみましょう」とつけ加える。イブラヒム（とステファニー）が考えた解き方に従って、生徒たちがさまざまな例題に取り組む授業が続いていく。

ダフィー教諭が、ある問題に悪戦苦闘しているように見えるマルコに近づくと、マルコは顔を上げて「まだ助けないで。イブラヒムは最初に素因数分解をしたので、ぼくもしてみたんだけどうまくいかない。xを解いたんだけれど、わからないんだ。（少し間を置いて）ちょっと待てよ、方程式に2を当てはめなかったぞ。ここで間違えたんだ。

オンライン授業では

この授業はバーチャル会議室の共有ホワイトボード機能を用いて行なうこともできるだろう。教師からの働きかけは基本的には同じである。生徒は注釈ツールを使って考えを共有することができる。さらに，オンライン学習では，仲間はたんに聞いているだけではない。チャットやリアクションボタンを使って授業に参加することができる。

あとで見に来てください」と言った。マルコは自分が経験した解き方のアイデアを使ったが、それより大事なことは、彼が問題を解けるだろうと信じ、やり抜いたことである。これはセルフ・エフィカシーの最たるものだ。

教師は、適切な目標を設定し、フィードバックを与えることで、困難な課題に挑戦するための生徒のセルフ・エフィカシーを構築し、強化することができる。目標は興味深い現象で、難しすぎず、簡単すぎず、退屈すぎないものにすることが重要である。ナットホール（Nuthall, 2007）は、すべての授業で教えられていることのおよそ50％は、生徒たちがすでに知っていることであり、一部の子ども（特に小学校低学年の生徒）は、従順で教師が求めることは何でもするが、多くの子どもたちは、課題が簡単すぎず、難しすぎず、退屈すぎないというゴルディロックスの原理を満たしている場合にのみ、その課題に取り組みたいと思うようになると論じている。

自分が関与している目標を達成することはやりがいにつながるので、私たちは、生徒たちが適切

＊5 式を順を追って示すと、以下のようになる。

2x＋4＝3x＋3
「両辺から3を引くと左辺に1が残り」
(2x＋4)－3＝(3x＋3)－3
2x＋1＝3x
「両辺から2xを引くと右辺にxが残るから」
(2x＋1)－2x＝(3x－2x)
1＝x
「x＝1になる」

な難易度の目標を設定したり、あなたが設定した挑戦的目標に取り組んだりするようになると信じている。たとえば、ミコ・ハジ教諭の美術クラスの生徒たちは、次の展覧会に向けてどのような作品を製作するのかに関連する目標を自分たち自身で設定した。アンドリューの目標は「さまざまな光を使った5枚の絵を描くこと」であり、マリサの目標は「正しいプロポーションと遠近法を備えた自画像を描くこと」であった。

しかし、私たちはまた、生徒たちの目標を教師が設定する必要があることも知っている。というのも、目標を設定することで、生徒たちがそのような高いレベルに到達できるということを、教師が信じていることを生徒に伝えることになるからである。マーサ・ラミレス教諭の第4学年のクラスでは、すべての子どもたちが現在の自分の読解力レベルを知っている。ラミレス教諭の指導に加えて、この学校では、子どもたちの読解力レベルをアセスメントするためのツールを用いているので、子どもたちは自分の現在の読解力レベルに応じた文章を練習するオンライン課題をこなしている。ラミレス教諭は、すべての子どもたちが少なくとも850レクサイル指数*6の本を読むことを目標としている。これはラミレス教諭がみんなと共有しているパフォーマンス目標である。また彼女は、子どもたちの現在の読解力レベルと、文章を読んだり理解したりする能力をどのようにしたら改善できるのかについて、子どもたちと個人的に話をする。子どもたちとの間では、彼女は習熟目標により重点を置いている。

たとえば、エヴァは650レクサイル指数の文章を読んでいる。最近のカンファレンスで、ラミレス教諭はエヴァに「あなたの読解力はこの1か月で50ポイントも上がりました。これはとても嬉しいでしょう。あなたはとてもよく勉強してますね。ポイントを上げるために、どんな勉強をしたのですか?」と尋ねた。

エヴァは、少しペースを落として、意味に本当に集中するようにしていると答えた。「私の目標は、読み終えるためだけに、急いで読まないようにすることでした。理解するために、同じ部分をもう一度読まなければいけないこともあるけれど、今はその部分に書かれていることにとても注意しています」と彼女は言った。

ラミレス教諭は、「すばらしい。作戦はうまくいっていますね。なので、そろそろ目標を変えてみたらどうかしら。あなたは現在の目標を達成して、その目標はいまやあなたの習慣になっています。今度は言葉とその意味に注意を向けるようにしてみましょう。読んでいる文章から毎回5つの単語を決めて、その言葉について誰かと話すようにしてみましょう。お友だちでも家族でも、あるいは課外活動で会う人でもかまいません。あなたの新しい目標は、語彙を増やすことです。できますか?」と応対した。

「できます。単語をお見せしましょうか?」とエヴァは言い、ラミレス教諭は「ぜひ見せてください。私がとても言葉が好きなことを知っているでしょう。言葉のリストを使って、2人で言葉を共有す

＊6　英語の読解力と文章の難易度を表わす指標。

ることは楽しいでしょう」と答えた。

ダビオンと会ったとき、ラミレス教諭は「あなたは９００レクサイル指数の文章を読んでいるの。すばらしい。前に話し合ったように、読書量が増えました。いまやあなたはクラスの目標を越えていますが、読解の勉強はまだ終わってないですよね」と言った。ダビオンがうなずいたので、ラミレス教諭は「４年生や５年生になって１０１０レクサイル指数まで進むと、中学生レベルの文章を読み始めることができるようになるのです。別の目標を立てましょう。あなたが読んだことの要約をノートに書いてほしいのです。そのあと、関連する文章を３つか４つ読んで、それらをまとめてみてください。文章やその構成についてあなたの考えを録音して提出してもらえれ

オンライン授業では

練習は学習の重要な一部であり，指導を定着させることができるので，オンライン学習には欠かせないことである。オンライン学習の可能性の一つは，生徒たちが目標に到達することができるよう，練習量を変えられるところにある。たとえば，ある生徒が情報テキストに対する理解を深めたいと思った場合，生徒は情報テキストをもっとたくさん読むこともできるし，Amazon にレビューを書くこともできる。あるいはFlipgrid[†]を使って仲間にプレゼンテーションしたり，家族に教えたり，教師が提供するモニタリングツールを利用したりすることも可能である。生徒はもちろん同期型授業に参加することもできるが，教師は，生徒が自分で立てた目標に従って学習しているかどうかをモニターすることもできるだろう。また教師は，生徒とオフィスアワーを設定して，ダビオンとラミレス教諭が交わしたのと同様の会話をすることもできるだろう。

† 教育向け動画作成ツール。

ば、私は学校帰りに聞くことができるわ。そうすれば毎週、あなたが読んださまざまな文章に対するあなたの考えについて、話し合うことができますね。この先何週間か、こんな計画ではどうかしら」と続けた。

ダビオンは同意し、「そう言えば2年生の頃は読書が好きではなかったです。いつも頭が悪いと感じてました。何が起こったのかわからないけど、今はもう大丈夫。本の中には、学ぶことができる世の中の情報がすべてあるなんてたまりません。今週は、ギリシャで新たに見つかった金のお墓か、イースター島の彫像について調べようと思います。どちらについて知りたいですか」と言った。

どちらのケースでも、ラミレス教諭の立てた目標が、子どもたちのセルフ・エフィカシーを育んでいた。ラミレス教諭は、子どもたちの成功は彼らの努力の賜物であるとし、子どもたちが自らやろうとしたことを達成したところに注目している。目標、モデリング*7、成功体験が結びつくことにより、子どもが学校にやりがいを感じ、集団の中で仲間とかかわっていくために必要となるセルフ・エフィカシーのスキルを構築することができるのである。

*7 他者の行動やその結果をモデルとして観察することによって、観察者が自分の行動を変容させること。

4 フィードバックの授受

多くのフィードバックを与えるようにとの警告や、成績をつけることとコメントをつけることではどちらがより望ましいのかという論争など、最良のフィードバックの与え方については非常に多くの議論がある。私たちが知るかぎり、問題は、フィードバックが変動しやすい影響力の一つであるというところにある。今日うまくいったフィードバックを明日また繰り返したとしても、うまくいくとは限らない。フィードバック全体のおよそ3分の1は、マイナスの影響を与えうるし、課題に対するフィードバックに賞賛が含まれていたとしても、効果を弱めてしまうこともある。しかし、フィードバックが効果を発揮しさえすれば、絶大な影響を及ぼすことができるので、フィードバックの力を高めることができる方法について理解するために、多くの時間が費やされてきたのである。可視化された学習研究から明らかになった5つの知見について考えてみよう。

1. 「どこに向かっているのか」と「どのように向かっているのか」という基本的なフィードバックに加えて、「次はどこに向かえばよいのか（何をめざせばよいのか）」についての情報が含まれているとき、フィードバックはより強力になる
2. 表面的な理解から、どのように（深く）理解するのか、伝達するのかということ、あるいは課題やプロセス、自己調整へと指導は移っていくものなので、指導サイクルのレベルに注目し

たフィードバックが必要である

3．フィードバックは、それが受容され、解釈され、それに基づいて行動されたときにのみ有効である

4．教師が自身の影響についてフィードバックを受けることは、生徒の学習に最も大きな影響を与えるだけでなく、生徒がフィードバックを喜んで受け入れ、解釈するためのモデルをも構築する

5．仲間からのフィードバックは、それが正しいか間違っているかにかかわらず、教師からのフィードバックよりも際立って影響力があり、実行に移されやすい

通常の一斉授業の形態でしばしば見られるように、生徒たちが協力し合っている場合には、教師がフィードバックの主な供給源になる必要はないこと

オンライン授業では

オンライン学習では，生徒が互いにマイクロ・フィードバック[†]を行なうよう指導する。生徒たちは，仲間へ与えるフィードバックを整理するために，「開始」「継続」「停止」という３つの選択肢を使用することができる。生徒はたとえば，「主張するときには情報源も示したほうがいいようだ。そうするとより信頼できるように聞こえるから」とか，「形容詞は使い続けたほうがいいね。描写が本当にわかりやすく，読んでいて頭の中に絵が浮かぶから」，あるいは「同じ言葉で文章を始めるのは止めたほうがいいかもしれない。読者にとっては，最初の言葉が違っているほうがより興味をそそられるかもしれないから」と言えるだろう。

† 日々の活動の中で，こまめに行なうフィードバック。

に教師は気がつく必要がある。このような場面では、仲間やインターネットといったあらゆる情報源からフィードバックを求め、受け入れ、評価し、選択して利用することを、生徒たちに具体的に教える必要がある。かたや内容や事実、対象分野の用語についての学習を求める課題の場合は、教師がフィードバックサイクルに多く関与することが賢明であろう。しかし、アイデアや問題解決と関連する場合には、仲間のほうがより関与できるだろうし、そのような場面では、教師はグループワーク中のフィードバックの質と用い方を点検し、調整する必要があるかもしれない。フィードバックは聞き、解釈し、実行するものだということを、生徒に教え、課題をそのように構造化する必要がある。

5 エージェンシー

エージェンシーとは、行動し、自分の運命をかたちづくる能力のことである。この能力は社会的に構築されたものであり、他者との相互作用が個人のエージェンシー感覚に影響を及ぼしている。またその一部は過去の経験に基づいているため、潮の満ち引きのようにダイナミックである。さらに、自らの一連の行動が成功をもたらすということを学習者が信じるかどうかは、目の前の課題によるので、状況依存的である。たとえば同じ生徒でも、歴史については強いエージェンシー感覚を感じることができるが、作文の課題ではそのような感覚はあまり感じないということもある。バンデューラ（Bandura, 1989）はエージェンシーについて広く定義しており、そこには、生徒たちが驚くほど多様な環境に柔軟に適応する方法を考えだせることや、制約や障壁を克服する方法を見つけだせること、好みに応じて環境をデザインし直し、構築することができること、望ましい結果を実現するための行動様式をつくりだせること、社会的モデリングやその他の経験的な様式によって、何が効果的かということを他者に伝えられることなどが含まれている。

ヒットリンとエルダー（Hitlin & Elder, 2007）は、エージェンシーについて4つの重なり合う概念を提案している。

1. 実存的エージェンシー：環境に影響を及ぼすための能力、あるいは自由意志
2. 実利的エージェンシー：規則や慣例に従うこと
3. アイデンティティ・エージェンシー：自分自身について信じていることや他者からどのように見られたいかということ
4. ライフコース・エージェンシー：将来の結果に影響を与えるためにとる行動

しかしながら、エージェンシーの問題には反論もある。タルスマら（Talsma et al., 2018）が指摘するように、エージェンシーは「鶏が先か、卵が先か」（p.137）という難問に悩まされる。因果

関係の原因はどちらなのか。「信じているから成し遂げたのか」、それとも「成し遂げたから信じるのか」。この問いに対する答えを知ることは決してできないだろうし、答えはおそらくさまざまであり、どちらの場合もありうるだろう。私たちは、生徒たちがコレクティブ・エフィカシーを享受するためにはエージェンシーが重要であると確信している。そこでここでは間をとって、生徒の成果と信念の両者に注目することにする。生徒たちが自分が貢献できることやグループから教えられることにとても期待しているときや、集団として達成規準に到達することができるということに大いなる自信をもっているとき、エージェンシーは生じやすい。

セルフ・エフィカシーのセクションで述べたように、生徒たちには成功経験が必要であり、そこから達成感を得ることができる。そして教育者は、成功を帰属する方法*8を含む信念を生徒たちがかたちづくる手助けをすることができ、そうすることによってエージェンシーは発達する。

ファーガソンら（Ferguson et al., 2015）は、小学校第6学年から中学校第3学年の1万6000クラスに対する調査に基づいて、エージェンシーのある生徒とない生徒の間には有意な差があることを指摘した。その違いを視覚的に表わしたのが図3-1である。

生徒たちのエージェンシーを伸ばすための推奨事項として、ファーガソンら（Ferguson et al., 2015）はいくつかのガイドラインを示している。表3-1は、生徒のエージェンシーを最適化することができる教室での実践とグループワークを、配慮、協議、魅了、統合、明確化、挑戦、学級経営という7つの要因から整理したものである。

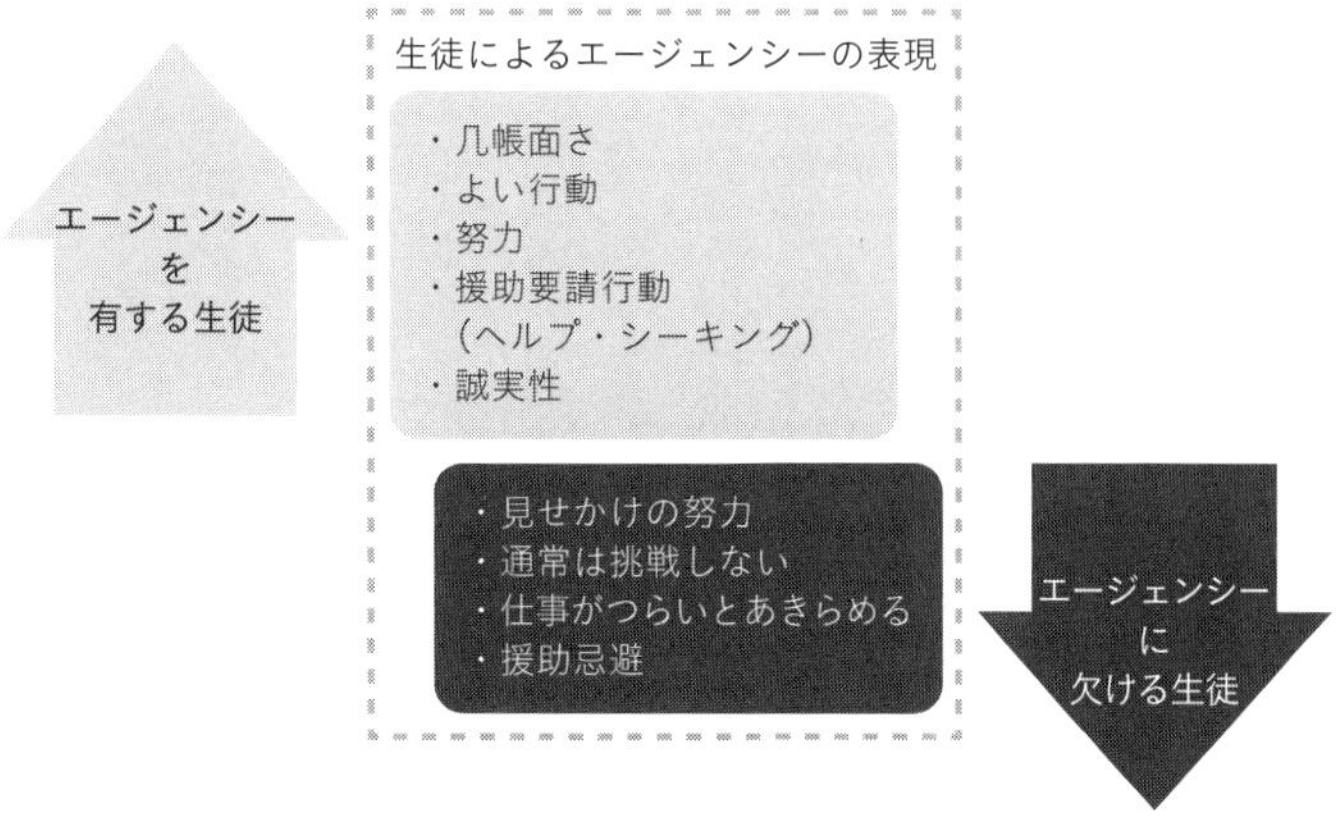

エージェンシーを有する生徒

生徒によるエージェンシーの表現

・几帳面さ
・よい行動
・努力
・援助要請行動
（ヘルプ・シーキング）
・誠実性

・見せかけの努力
・通常は挑戦しない
・仕事がつらいとあきらめる
・援助忌避

エージェンシーに欠ける生徒

図 3-1　エージェンシーの高い生徒と低い生徒が示す表現（Ferguson et al., 2015）

本章冒頭の教育場面のシナリオやセルフ・エフィカシーに注目したシナリオを振り返ってほしい。そこではエージェンシーに関連する要因も取り上げられていたことに気がついただろうか。生徒たちとの相互作用は、セルフ・エフィカシーやエージェンシーを高めたり損なったりするので、教育者は彼らとのやりとりについて慎重に考える必要がある。同様に、自己調整の概念、つまり自分自身の振る舞いや思考、行為を調整するための能力、自信、エージェンシーにも強い関連がある。このような価値ある概念（エージェンシー、セルフ・エフィカシー、自己調整、メタ認知など）についての究極の表現は、自分が自分の教師になるよう生徒たちに教えることであり、これは他者と協力するときのすぐれたスキルでもある。

＊8　成功の原因がどこにあるかを特定する方法を指す。

表 3-1　生徒のエージェンシーを最適化する 7 つの要因（Ferguson et al., 2015）

要因	説明	指導のためのガイドライン
配慮	情動的な感受性と反応性	注意を払い，配慮を怠らないこと。繊細な教師は生徒を甘やかす傾向があるが，そうすると基準が下がり，エージェンシーを損なう可能性があるので避けること。
協議	教師による生徒の視点の受容	生徒の視点を奨励し，尊重し，生徒の声に耳を傾けるが，その間も指導目標に注意を向けること。自制心の模範となったり，エージェンシーを養うことができなくなるので，目的が不明確な長時間の話し合いは避けること。
魅了	魅力的な授業	刺激的でエージェンシーの発達と関連するような授業となるよう努めること。もし，ある生徒が無反応に見えたとしても，すぐに興味がないとか，やる気がないなどと決めつけないこと。生徒の中には，特に苦労している生徒の場合，自分の興味や努力を意図的に隠している場合がある。
統合	一貫性のある学習	生徒が寡黙であったり，興味がなさそうであったりする場合でも，学んだ内容を思い起こさせ，理解を記憶に定着させるのに役立つので，定期的に授業の要約を行なうこと。まとめは生徒の学習を定着させるのに役立つ。
明確化	混乱の解消	授業中の混乱を察知し，それに対応するために，毎回適切な処置を行なう。その際，考えることについての責任（とエージェンシー）を生徒と共有すること。苦戦している生徒に希望をもたせることと，生徒が自分の学習に責任をもつように求め続けることとのバランスをとること。
	明快な説明	特に生徒が最も困難を感じている教材について，わかりやすい説明をするよう努めること。また，明確化と魅了の両者に関連することだが，教えたスキルと知識が，実生活において効果的なエージェンシーを発揮するのにどれだけ役立つのかについて，明確な説明を行なうこと。
	指導的フィードバック	生徒が自分自身の問題を解決する足場を提供するようなかたちで指導的フィードバックを与えること。指導的フィードバックを通して，生徒が自分自身のやり方を修正し，自分自身の問題を解決し，自分自身の理解を構築することにより，エージェンシーを育み，表現することを可能にするサポートを提供すること。
挑戦	厳格さの要求	授業を表面的に捉えるのではなく，深く考えるよう生徒たちを促すこと。問題解決のために，生徒が論理的思考を用い，エージェンシーを行使することが必要となる学習目標を設定し，実施すること。ストレスの少ないアプローチを好む生徒からの反発も予想される。緊張を和らげ，より楽しい経験となるよう，厳格さとともに魅力と配慮を増やしてみること。
	永続性の要求	困難な課題であっても，常に挑戦し続け，成功する方法を探し続けるよう生徒に求めること。最高の学びとするために最善を尽くすことの大切さを日頃から伝えること。エージェンシーを身につけるために，これほど重要なことはないという自信をもつこと。
学級経営	秩序を重んじた，礼儀正しく，全体的な取り組み	授業では，生徒を尊重し，秩序正しく，課題を遂行するよう努めること。そのために，たんに威嚇や強制で生徒をコントロールするのではなく，エージェンシーをサポートするために，明確化や魅了，挑戦といった方法を用いて授業すること。

ここで別の状況について、エージェンシーというレンズを用いて分析してみよう。

生徒たちが中学1年生の教室に入ってくると、先生が「静かに、静かに。出席をとる間、この文章を読んでいてください」と言う。先生はアリゲーターとクロコダイルについての文章を配った。テキストの下には大きな文字で「小学3年生」と書かれている。出席をとったあと、先生は生徒たちにアリゲーターかクロコダイルを見たことがあるかどうか尋ねる。何人かの手が挙がったので、先生は生徒に答えを求める。「えーっと、去年の休みにフロリダに行ったとき、クロコダイルがエサを獲るためにジャンプするのを見たよ。でかくてカッコよかった。ユニバーサルスタジオにも行ったんだけど、ハリー・ポッターはまあまあだった」。先生は「あなたはハリー・ポッターが気に入ると思ったんだけど。フォービドゥン・ジャーニーには乗りましたか？　とてもカッコイイって聞いたんだけど」と答える。生徒は「列が長すぎて乗れなかったんだ。でも、ハグリットのモーターバイクには乗ったよ。魔法動物はカッコよかったけど、乗り物はちょっとつまらなかった。妹はすごく気に入ったみたいだけど、ボクはダメ」と応じる。

このような会話が数分続いたあと、先生は「さて、クロコダイルとアリゲーターが本当にいることはわかりましたね。他にどんなことが書いてありましたか？」と言って読解に戻る。一人の生徒が手を挙げ、「クロコダイルの好きな飲み物はなーんだ。答えはゲータレードでーす」と答える。すると別の生徒が、「バーカ、それを言うならアリゲーターの好きな飲み物だろ」と反応する。最初の生徒は「バカじゃないよ。バカはお前だ。バーカ、バカ、バカ」と応じる。先生はその生徒を無視して、「はい、みなさんお静かに。アリゲーターとクロコダイルの違いについて考えましょう。このグラフィック・オーガナイザーに記録するので、誰か違いを1つ教えてくれますか？」と言う。

誰かが教室から出て行くとき、ある生徒は「あとでね」と言い、別の生徒は「またね」と言う。授業は続くが、一向によくならない。生徒のエージェンシーがどのように損なわれたか、特定できるだろうか。おそらく数え切れないくらいあるだろう。しかし、これはある善良な教師の実体験だ。ただ、彼は自分の行動が生徒に与える影響を十分理解していなかった。生徒たちに配慮はしていたが、教えてはいなかった。生徒たちが成功することにあまり期待していなかった。生徒たちの声を尊重しようとしていたが、授業のポイントを見失ってしまった。生徒たちが互いに言葉で傷つ

オンライン授業では

バーチャル教室のブレイクアウトルームに生徒たちを配置する前に，自分が経験したやりとりで不快になった場合には，そのことを教師に知らせる責任があることを，生徒自身が知っているかどうかを確認すること。ほとんどのシステムには，教師（ホスト）に匿名で警報を伝える手段があるので，教師はミーティングに参加し，問題に対処することができる。傍観者に役割を教え，尊重し合う学習環境をつくりだす責任を生徒たちに負わせることは，オンライン学習の特徴とすべきである。クロコダイルとアリゲーターについての話し合いで起こったように，生徒たちは仲間にいつも思いやりを示すとは限らない。教師がランダムにルームを訪問することで，生徒が教師に抵抗なく警報を伝えるられることが，このような状況を減らすことになるとともに，オンラインでの生産的な学習環境を維持することにつながるだろう。

け合うことを許してしまった結果、学習環境の心理的安全性を侵害した。何も説明しなかったので、厳格さが著しく損なわれた。フィードバックがなかった。まだまだあるが、要点はご理解いただけただろう。

⑥ レジリエンス

生徒たちは困難に直面し、それを受け入れ、さらに失敗が学習の機会となりうることを理解しなければいけない。しかしながら、レジリエンスの低い生徒は困難を避けてしまうので、失敗から学ぶことができない。人生経験は重要な役割を果たし、トラウマ、食料不足、人種差別、その他重要なストレッサーが生徒のレジリエンスに影響を及ぼす。そうは言っても、フォーゲルとシュワーブ（Vogel & Schwabe, 2016）は、「ストレスフルな出来事が常にストレス反応を引き起こすのではなく、そのような状況を個人がどのように評価するかや、利用可能な対処方略があるかどうかが、ある状況がストレスシステムの活性化につながるかどうかを決定する」（p.7）と考えている。レジリエンスは、本章で紹介した他のすべての要因と同様に、楽観主義や期待感といった性格や素質にも影響される。だからこそ、レジリエンスを伸ばすためには、適切な状況、適切なタイミングが必要であり、このことがレジリエンス（グリットや成長マインドセット）を伸ばすための一般的なプログラムの多くが失敗し、対して状況に応じて開発されたプログラムがより成功する理由である。そして、本章で紹介した他の要因と同様に、子どもたちや若者とともに生活している大人が、レジリエンスに影響を及ぼしうるのである。

レジリエンスのことをグリットという人もいて、この呼び方がかなり普及している。また、意志力、粘り強さ、決断力、成長マインドセット、持続性といった多くの類似概念もある。ここではグリットの2つの主要な側面、つまり、「努力の粘り強さ」（問題や困難に粘り強く取り組む生徒もいれば、あきらめる生徒もいる）と、「興味の一貫性」（生徒たちの中には、一つの問題にとどまり、目標や興味を変えることにあまり熱心ではない者もいる）とを区別したい。前者は生徒たちが適度な挑戦的目標に喜んで取り組む場合であり、後者は生徒たちが一つの課題に多くの時間を費やすことを厭わない場合である。どちらも重要に思えるが、おそらく両者は異なる概念なので一緒に扱うべきではなく、それぞれ異なる教育介入や異なる課題が求められることだろう（Credé et al., 2017; Ris, 2015）。

アメリカ心理学会は、若者のレジリエンス（「努力の粘り強さ」と「興味の一貫性」）を伸ばすために親と教育者が実行できる10の行動をあげている。表3-2に示したように、これらの推奨事項では、教師には生徒とのやりとりや学習環境の構成について注意深く検討することが求められている。

表 3-2　親と教師のためのレジリエンスガイド

1. つながりをつくろう

友だちのつくり方や共感（empathy），つまり他者の痛みを感じるスキルを子どもに教えよう。子どもに友だちができるように，友だちになるようすすめよう。強力な家族のネットワークを築き，避けることのできない失望や傷を子どもが乗り越えることができるようにサポートしよう。学校では誰も孤立していないことを確認しよう。他者とつながることでソーシャル・サポートを得ることができ，レジリエンスが強化される。組織的な宗教であれ，個人的なものであれ，神様とつながることに安らぎを見いだす人もいるので，あなた自身の礼拝の習慣を子どもに紹介するのもいいだろう。

2. 助けたい子どもに他者を助けさせよう

無力感を感じている子どもは，他者を助けることによって力を得ることができる。年齢に応じたボランティアに参加させたり，子どもができる仕事を手伝ってもらったりしよう。学校では，子どもたちと一緒に，他者を助ける方法についてブレイン・ストーミングしよう。

3. 日課を維持しよう

特に小さな子どもは次に何をするのかを知っておきたがるものなので，日課を守ることは子どもを安心させることになる。子どもが日課をつくることを奨励しよう。

4. 不安から距離を取ろう

日課を守ることは重要だが，際限なく心配することは逆効果になることもある。心配事以外のことに集中する方法を教えよう。ニュースやインターネット，聞こえてきた会話など，子どもが触れると不安になってしまうかもしれない事柄に注意し，もし子どもが不安になったら，距離を取らせよう。学校は子どもの成績に責任をもたなければならないが，子どもたちが創造性を発揮できるよう，学校生活の中に自由時間を組み入れよう。

5. セルフケアを教えよう

自分自身が手本となって，きちんと食事をとり，運動し，休息する時間をつくることの大切さを子どもに教えよう。子どもが楽しむ時間を確保しているか，リラックスするための「息抜き時間」がとれないほどびっしり予定を詰め込んでいないかを確認しよう。自分を大切にし，楽しむことが，子どものバランスを保ち，ストレスの多い時期にうまく対処する助けとなる。

6. 目標に向かって進もう

無理のない目標を設定し，その目標に向かって一歩ずつ進んでいくことを子どもに教えよう。たとえ小さな一歩でも目標に向かい，それを褒められることによって，子どもは達成できなかったことよりも達成できたことに注目するようになり，そのことが困難に直面しても前進するレジリエンスを身につける役に立つ。学校では，低学年の子どもには，大きな課題を小さくて達成可能な目標に分解し，高学年の子どもには，大きな目標に向かう途中で達成したことを認めてあげるようにしよう。

7. ポジティブな自己観を養おう

困難をこれまでどのようにうまく乗り越えてきたのかを思い出させ，このような過去の挑戦が，将来の困難に立ち向かう力を養う助けとなることを，子どもに理解させよう。自分自身を信頼することによって初めて問題を解決し，適切な判断をくだすことができるようになるということを，子どもが知る手助けをしよう。人生はユーモアに溢れており，自分を笑い飛ばすことができるということを教えよう。学校では，一人ひとりの目標達成がクラス全体の幸福にとても貢献しているということを子どもたちに教えよう。

8. 物事を大局的に捉え，希望に満ちた見通しをもとう

子どもがとてもつらい経験に直面していたとしても，その状況をより広い文脈で捉え，長期的な視野を持ち続けるように手助けしよう。自分自身で長期的な視野を考えるには小さすぎるかもしれないが，それでも現在の状況の先に未来があり，未来は今よりよくなっているかもしれないということを，子どもが理解する手助けをしよう。楽観的でポジティブな見通しをもつことによって，子どもは人生のよいところを見つけ，最も困難なときでさえ，前進し続けることができるだろう。学校では，歴史を通して，悪い出来事のあとでも人生は前進するのだということを示してほしい。

9. 自己発見の機会を探そう

つらいときこそ，子どもたちは自分自身のことを最も知ることができる。たとえどのようなことに直面していたとしても，それは「自分が何からできているのか」を教えてくれているのだと子どもに考えさせてみよう。学校では，困難な状況に直面したあと，一人ひとりの生徒がそこから何を学んだのかについて，話し合いをさせてみよう。

10. 変化は人生の一部であることを受け入れよう

子どもや10代の若者にとって，変化はしばしば恐ろしいものだ。しかし，変化は人生の一部であり，達成できなかった目標を新たな目標に置き換えることができることを子どもに理解させよう。学校では，学年が上がるにつれて子どもたちがどのように変化してきたのかを指摘し，そのような変化が自分たちにどのような影響を及ぼしたのかを話し合おう。

（アメリカ心理学会　https://www.apa.org/helpcenter/resilience）

エドガー・トーレス教諭は、レジリエンスを含む「私」スキルを伸ばすために文学作品を使い、第2学年の生徒たちと話している。彼は次のように言っている。「みなさんにとって、レジリエンスは学校で他者と協力するときだけでなく、人生のあらゆる場面で重要となるスキルです。しかし、レジリエンスを発揮すべきときと、抗議や抵抗を示す必要があるときがあることを、みなさんには知っておいてほしいのです。このような話をするときに、児童文学を用いるのが好きなのですが、たとえば、農場で働く人々の労働条件に耐えることができなかったセサール・チャベス[*9]の生涯と決断を描いた『*Harvesting Hope*（希望の収穫）』（Krull, 2003）を読みました。これまで人権と人権が侵害されたときのことについて話してきましたが、人々にはありのままを受け入れるという別の選択肢もあるのです。今度は、レジリエンスについて健全に話し合うことができる本を読みましょう」。

トーレス教諭は、同じトラックのおもちゃで遊びたい2人の登場人物を描いた『*I Want It*（それ欲しい）』（Crary, 1982）という本を紹介した。この本で、読者はエイミーとミーガンには何が起きるかを選択することができ、もしその選択が気に入らなかった場合には、違う選択をしたらどうなったかを見ることができる。どちらかというと、一昔前の「*Choose your Own Adventure*（きみならどうする?）」シリーズ[*10]のような感じである。しかし、この本はレジリエンスを高め、問

＊9　アメリカの公民権活動家。

＊10　状況を説明する文章のあと、読者が選択肢を選ぶことによって、さまざまな展開を示し、異なる結末にたどり着くシリーズものの物語。

題解決や妥協することを学ぶことに重点を置いている。トーレス教諭のクラスの子どもたちは、自分の選択と、それぞれの選択が登場人物に与えた影響について話し合った。「エイミーは別のおもちゃにすればいいんだ。この部屋にはたくさんのおもちゃがあるんだから」とミゲルが言うと、「それは一つの考えだね。でも、それだとエイミーはイヤな気持ちにならないかな。二人ができることはそれしかないだろうか？」とトーレス教諭は応じた。

その後も会話は続き、子どもたちから考えや意見が出された。すると、アナ・マリアが「次に友だちと同じものが欲しくなったら、シェアしようって言ってみるわ。もし友だちが嫌がっても、あとで順番が回ってくるってわかっているから、それでもかまわないの。でも、もっとうまくシェアできるようになると思うわ」と言った。重要なことは、このような会話が一度かぎりで終わっているわけではないということである。トーレス教諭のクラスの子どもたちは、文学を用いて読み書きを学んでいるが、その中で自分たちの役に立つ「私」スキルについても話し合うことができるのである。『それ欲しい』を読んだ日の作文課題では、ミーガンの視点から考えることが求められた。

［作文課題］

『それ欲しい』を読んだあと、あなたが選んだ解決策に基づいて、ミーガンの行動と感情を説明するまとめを書きなさい。その際、あなたの回答を裏づける証拠を本文から示すこと。

情報の要約方法を教えられることなどで、子どもたちはリテラシー能力を伸ばしている。しかし、さらなる利点は、トーレス教諭が子どもたちの思考プロセスを垣間見ることによって、子どもたちがレジリエンスなどのスキルを伸ばし続けるためにはどのような経験が必要なのかを理解できるようになったことである。

7 コミュニケーション・スキル

生徒たちが学校や人生で成功するためには、さまざまなコミュニケーション・スキルが必要である。これらのコミュニケーション・スキルの多くは、生徒たちが他者と交流する機会をもつことで発達する。このコミュニケーション・スキルには、表面的なもの（アイコンタクト、非言語的スキル、ジェスチャー、ボディランゲージ・スキルなど）だけでなく、積極的な傾聴スキルも必要となる。この傾聴スキルには、気配りすること、関連する質問をすること、説明を求めること、相手の感情に気づくこと、要約して言い換えができることが含まれる。さらに効果的なコミュニケーションができる人は、明確に説明したり、証拠を提供したり、発言権を獲得したり与えたりすることによって、グループの課題を前進させることができる。

一般に、多くの国の政府によって策定された学習内容の基準にはコミュニケーション・スキルが含まれる。これらは通常、国語教育や読解の期待レベルの一部であるが、カリキュラムや学年を超えたものである。残念ながら、これらの基準はしばしばテストされないために、軽視されがちである。コミュニケーション・スキルは、コレクティブ・エフィカシーやその後の人生の成功の基礎となることからすると、これは問題である。

第3学年の担任であるマティ・ジョンソン教諭は、コミュニケーション・スキルの価値を知っている。「しっかりとしたコミュニケーション・スキルを伸ばすことは、私たちがするすべてのことの基礎となります。子どもたちには互いに学び合ったり、私から学んだりしてほしいのですが、そのためにはコミュニケーションが必要です」と彼女は言う。彼女の学年の基準の一つは、子どもたちに「話し合いを参照して、自分自身の考えや理解を説明する」ことを求めている。ジョンソン教諭は、いつも、子どもたちをクラスの話し合いに参加させている。話し合いの間、ジョンソン教諭は子どもたちに、他の子どもが言ったことを要約したあと、自分自身の考えを説明するよう求めている。「私は教室内で会話や話し合いを積み重ねたいのです。子どもたちには仲間の考えを受け止めたうえで、同意するところと同意しないところに気がついてもらいたいのです。学年の初めには、「○○なので、○○に賛成です」や「○○なので、残念ながら○○には賛成できません」という文型を用いて、子どもたちにこのようなやりとりの練習をしてもらいました。そして、子どもたちのコミュニケーション・スキルが高まるにつれて、このような文型を外しました」と彼女は言う。

ジョンソン教諭は、表3-3にある情報を、子どもたちのコミュニケーション・スキルの指導に

表 3-3　積極的な傾聴と発話のためのガイドライン

何をするか	なぜするか	どのようにするか	発言例
奨励	・話し手の話に興味をもっていることを伝えるため ・話し続けてもらうため	・うなずき，微笑み，その他の表情を用いる ・賛否は示さない ・肯定的な声の調子で，曖昧な言葉を用いる	「なるほど……」 「ううん……」 「そう？」 「おもしろそうですね……」
言い直しや明確化	・聞いていることや理解していることを示すため ・話し手のメッセージに対する自分の理解を確認するため	・基本的な考えを言い直し，事実を強調する ・ポイントを明確にする ・聞くふりをしてはいけない！	「あなたの考えは○○だと思ったのですが……」 「おっしゃりたいことはわかりました」 「つまり，○○ということですね」 「○○とおっしゃったのはどのような意味ですか？」
復唱や言い換え	・話していることを聞いているということを話し手に示すため ・話し手の気持ちを理解していることを示すため	・相手の基本的な気持ちを再確認する ・相手の主な考えに反応する	「○○と思っているのですね」 「○○について怒っているのでしょう」 「○○でとてもお幸せなんですね」
要約	・重要なアイデアや事実などをまとめるため ・今後の議論の基礎を確立するため ・進捗状況の確認のため	・主要なアイデアや感情を言い直し，復唱し，要約する	「つまり，重要なアイデアは○○ということでしょうか？」 「○○という理解でよろしいでしょうか？」 「あなたのプレゼンテーションから，○○というのが正解でしょうか？」

役立てている。子どもたちは机の上にこのコピーを置き、教室の壁には大きなポスターバージョンが貼られている。社会科でコストと利益について話し合いをする際に、子どもたちは牛乳の世界的な供給量に関する短い記事を読んだ。話し合いでは、教師が会話を仲介するというよりは、子どもたちが自分の経験に基づいてガイドラインを作成した。多くの教室では、一人の子どもが発言したあと、教師の差配によって、コメントを加えたり、次の発言者に注意を向けさせたりする。二人めの子どもが発言したあと、教師は再び責任をもって、コメントを加えたり、次の発言者に注意を向けさせたりする。このように、すべての会話は教師によって仲介されるかたちで続いていく。このような方法だと、子どもたちのコミュニケーション・スキルをある程度は伸ばすことができるかもしれないが、もしも教師が子どもたちのやりとりを常に仲介してしまうと、小グループの仲間たちと実り多い会話をするのは難しいだろう。

ジョンソン教諭は口を挟むのを控え、会話が行き詰まったときや事実関係を明らかにする必要があるとき、あるいは、二人の子どもの間だけで会話が続き、その他の子どもたちが会話に加わることができないときにだけ口を挟む。彼女のクラスの子どもたちは、クラス全体や小グループでの話し合いの経験が豊富なので、彼女が話し合いを仲介する必要はほとんどない。「やらなければじょうずになりません。私は子どもたちがコミュニケーション・スキルを練習するのに多くの時間をかけています。学習がまだ終わっていないことに気がついたとき、フィードバックや追加指導ができるように観察しているのです」とジョンソン教諭は述べている。

コストと利益についての話し合い中、子どもたちは、価格はたんなるコストではないことに気がついたが、このことは多くの子どもたちにとって「なるほど」と思う瞬間だったようである。話し合いには、以下のやりとりが含まれていた。

ジェイミー：価格っていくら払わせたいかってことでしょ？

ポール：うん。コストと利益として欲しい金額だね。

カリーナ：どういうこと。もう一度説明してもらえないかな。

ポール：いいよ、こういうことだと思うんだ。牛乳には価格があるよね。牛乳を買うのに払わなければいけない金額さ。でも、価格っていうのは、牛乳を手に入れるためにかかった金額よりも多いんだ。

アンジェラ：つまり、コストと価格が違うこともあるってことよね。

カリーナ：よくわかったわ。牛乳のような製品を手に入れるためにはコストがかかるわ。でも、それをもっと高く売らないと利益は出ないってことね。

ポール：そうさ。そこが重要なんだ。コストと価格って違うんだ。でも、利益がいくらかってことはわからないなぁ。

子どもたちの会話は、コストの調査から始まって、利益にまで及んだ。ジョンソン教諭は、子どもたちのやりとりをメモしながら、会話を観察していた。彼女は、話し合いのあと、フィードバックや指導を行なうことができるように、どの子どもが何を話したのかを記録した。

高等学校のキャリア教育と技術教育の教員であるピーター・ウォトリング教諭は、仕事の世界で必要となるコミュニケーション・スキルの種類に着目している。彼は、Businessphrases.net によって開発されたコミュニケーション・スキルとヒント集を生徒たちに紹介している。授業の一環として、生徒たちはさまざまなやりとりを撮影したビデオクリップを見て、スキルシート（図3-2）を用いて、話し手と聞き手の動きを分析する。たとえば、生徒たちは前年の生徒たちのグループのビデオを見たのだが、その際、ウォトリング教諭は、生徒たちに以下の各点に注目することを求めた。

・ボディランゲージ
・アイコンタクト
・まとめ方
・言い換え
・応答

「他者を観察することによって、たくさんのことを学ぶことができると思います。今月の5つの注目点について、去年のグループの人たちがどうしたのかを見てみましょう。あとで自分の考えを

明確で簡潔であること
・要点を絞ること
・目的から逸れるような長文，複雑な言い回し，長い説明は使用しないこと

注意深く聞くこと
・他者が話しているときには耳を傾けること
・話すよりも聞くほうが，より多くのことを学ぶことができるだろう

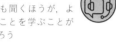

前向きになること
・前向きな態度を示すこと
・前向きで親切な人とはコミュニケーションがとりやすい

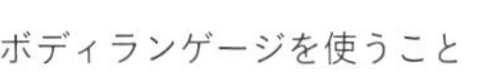

ボディランゲージを使うこと
・ボディランゲージを使ってコミュニケーションすること
・手振りや姿勢，その他のボディランゲージを活用することで，コミュニケーションをさらに深めることができる

尊敬の念を抱くこと
・すべての人に礼儀正しく，親切に話すこと
・他者の意見や能力を尊重すること

自信をもつこと
・自分の能力に自信をもつこと
・自信があれば，人はあなたを信頼し，頼りにするだろう

フィードバックすること
・他者が改善することができるよう，フィードバックすること
・フィードバックするということは，あなたが注目していることを示すことにもなる

図 3-2　コミュニケーション・スキルとヒント集

引用元 : www.businessphrases.net/examples-good-communication-skills
画像引用元：iStock.com/fonikum

話すときに、話し手の具体的な行動を参照することができるよう、メモすることを忘れないように」とウォトリング教諭は言った。ビデオを見たあと、生徒たちにはパートナーとの意見交換が求められた。ウォトリング教諭は「今月の5つの注目点それぞれについて話し合ってください。互いに合意できるかどうかを確認し、同意できなかったところはメモするように」と言った。

生徒たちはその後8分間、自分の考えについて話し合った。オマーは「彼らのボディランゲージは、どれも本当によかったと思うな。開放的でリラックスしていた。うなずくことによって、興味があることを示していたようだ」と言った。

彼のパートナーのアリサも同意して、「特に話し手に向けてボディランゲージしているところがよかったわ。誰の話を聞いているのか、よくわかったから。でも、言い換えは本当に問題だと思ったの。あんまり言い換えはしていなかったでしょう?」とつけ加えた。

「そうだね。でも、会話に問題はなかったと思うんだ。言い換えはしていなかったけど、話し合いは本当にうまくいっていたように見えたし、話し合いから大切な情報を得ることができていたよ。言い換えがいつも必要なのか、ウォトリング教諭に聞いてみようよ。言い換えると会話が遅くなってしまうこともあるし、使ったほうがいい場合もあるけど、いつもではないように思うんだ」とオマーは言った。アリサは「とてもおもしろいわ。私たちのグループでは、いつも誰かが言い換えるようにしているの。でも、特にみんながすでに同意しているときに言い換えると、会話が遅くなる場合もあるってわかったわ」と応じた。

タイマーが鳴ると、ウォトリング教諭は2つの2人ペアをあわせて4人グループを編成し、四角く並んでもらうことにした。「話し合って、同意できるところと同意できないところを確認してください。8分後に全体で集まるので、そのときに話し合いたいポイントをグループごとに決めておいてください。そして、去年の生徒たちから何を学ぶことができるのか、自分たちのコミュニケーション・スキルをどのように向上することができるのかについて考えましょう」。

次に、コミュニケーションの中でも一見些細なことに思われる、やりとりの中の話者交替に注目しよう。集団内での話者交替はとても重要である。タイミングのような話者交替のさまざまな様相は、言語や文化を越えて驚くほど安定しているということが明らかになっている。ここには、相手の間を予測すること、会話が重ならないようにするこ

オンライン授業では

授業の形式に関係なく，コミュニケーション・スキルは重要である。オンライン学習で重要なことは，生徒と生徒のやりとりである。このようなコミュニケーション・スキルを教え，生徒たちにこのようなスキルの練習をする機会を与え，スキルを改善することができるように，生徒たちが失敗したときにフィードバックを与える必要が教師にはある。シンク＝ペア＝スクウェアのプロセスは，生徒同士でやりとりする機会を与えるのに有効な方法である。メインルームで，生徒たちは，読んだり，見たり，聞いたり，考えたりする時間を与えられる。その後，1部屋2人のブレイクアウトルームに移動する。そして，あらかじめ決められた時間のあと，各部屋4人となるように部屋を統合する。こうすることにより，ウォトリング教諭のクラスで実施したのと同じ経験をさせることができる。

と、交替中の沈黙を最小限にすること、時には相手を無視して、たんに次の会話が始まるのを待ち、時には相手の順番を流してしまうことなどが含まれている。ある話し手が話し終え、次の話し手が話し始めるタイミングを予測しながら話を聞くことができるのなら、聞き手はいつ、何を話すのかということを決められるので、会話の流れは速くなる（Holler et al., 2016）。話者交替のスキルは、生後2か月から5か月の間に発達し始める（Dominguez et al., 2016）が、他者との作業を価値あるものにするために、多くの生徒に話者交替のスキルを教える必要がある。

図3-3に示したチャートは、パートナーとの会話における話者交替を指導するために、生徒たちが用いるクラスでのルーブリックを示したものである。

教師が話者交替のモデルとなることは十分価値のあることである。これはクラス全体に向けた授業中のやりとりにおける教師の支配的役割に気づくことから始まる。多くのクラスで、教師は自分が教えていることや生徒たちが学ぶべきことにより注目しており、生徒たちが教室での話に耳を傾けていることや、授業中の対話のギブ・アンド・テイクに生徒たちを参加させることの意味についてはあまり注意を払っていない。平均して、教師は授業時間の80％以上も話していること、復唱の時間が多いこと、生徒たちの話し合いの時間は限られていること、そして生徒たちの「待ち時間」は通常ミリ秒単位で測定することができ（Alexander, 2020）、典型的な生徒の反応は3語以下だったというデータを示すと、教師はたいてい驚く。多くの人が示しているように、支配的言説は教師によって始められ、通常一人の生徒が反応し、教師がフィードバックを与えるというかたちで進ん

パートナーとの会話のルーブリック

PARTNER TALK RUBRIC

I said something.
My partner said something.

レベル1

私が何か言った。
パートナーが何か言った。

ロブは静かだね、とっても!

うん、悲しんでいるんだ。

LEVEL 2

I said something.
My partner said something.
Then we said MORE!

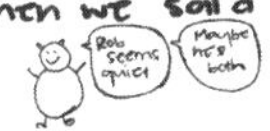

レベル2

私が何か言った。
パートナーが何か言った。
そのあと、2人でもっと言った！

ロブは静かに見えるね。

うん、悲しんでいるんだ。

きっと、どちらもなんだろう。

悲しいから静かなんだ。

LEVEL 3

We talked back + forth.
We asked questions.
We added onto thinking.

レベル3

私たちは何度も話し合った。
私たちは質問をした。
私たちはさらに考えた。

○○と思うな、あるいは○○かな。

それは試すことができるのかい?

君の言っていることから、○○ということを思いついたよ。

本当にそうなのだろうか?

もしかすると。。。○○かもね。

LEVEL 4

We talked back + forth.
We asked questions.
We added on... and came up with NEW IDEAS!

レベル4

私たちは何度も話し合った。
私たちは質問をした。
私たちは続け、新しい考えを思いついた！

あるいは、もし○○だったら。。。

○○だと思うんだけど。

そのことについてもっと教えてくれない?

○○ということに気づいたんだ。

そうだね、もしかしたら。。。だったら。。。

図3-3　パートナーとの会話における話者交替

でおり、このパターンが続くのである（Kyriacou & Issitt, 2008）。

教師が生徒とやりとりするときには、あらかじめ答えが決まっている質問をしたり、生徒の話す順番を決めたりするだけでなく、話し合いのテーマや流れをコントロールすることが多いが、このような相互作用では、しばしば生徒間の会話（や、実際にはほとんどの社会的相互作用）とは完全に正反対のことが起こる。教師が教えるときにしていることを真似することは、支配的で知識のある一人の人間が主導権を握ることを意味するため、生徒グループには望ましくない。生徒グループには、よりソフトな変化や小休止、考えのすりあわせ、支援のための割り込み、共有、考えの批評が必要である。

ニストランドとガモラン（Nystrand & Gamoran, 1997）は、学習の底流にあるのは、たんに誰かの考えを報告させるのではなく、生徒にどれだけ考えさせる指導ができるかということであると強く主張した。対話の意味するところは、知ることがたんに伝えることだけでなく、交渉することでもあるということだ。アレクサンダー（Alexander, 2020）は、生徒たちが対話に参加することができるようになるための8つの理由を概説している。

1. 思考のための会話
2. 学びのための会話
3. 習熟のための会話

4. コミュニケーションのための会話
5. 関連づけのための会話
6. 文化的適応のための会話
7. 民主的関与のための会話
8. 教えるための会話

そして、集団的（生徒間や教師と共有されるとき）、支持的（生徒たちが考えを自由に表現できると感じるとき）、互恵的（代替的な視点に配慮するとき）、熟慮的（異なる視点の解決につながるとき）、目的的（学習のねらいや達成規準に向かって構成されているとき）であるとき、会話が学習における対話の中核となる。

教師から生徒、そしてまた教師へという通常の会話のパターンから、生徒たちが互いに会話するパターンに移行することによって、知らないことについて質問し、互いの思考や理解を高め合うというチームで活動するための中核的スキルが構築される。

子ども同士の通常の会話では、一般的に、一度に話すのは一人であり、話と話の間の重なりは短く、話し手が変わっても空白はない。会話における関係性に「一体感」があり、参加者間で「私たち」という言葉がより使われる。子どもたちのほうが教師よりも、次の話し手が前の話し手の応答や言ったことを取り入れ、別の質問で終わらない、非常に望ましい「取り込み」対話を行なっている（Nystrand et al., 2003）。質問するときには、情報提供や答えが決まっていない自由形式の質問のように、話し手があらかじめ答えを決めていることを前提としない質問をする傾向がある。話者交替はグループ内のやりとりや交流を成功させる本質である。

生徒たちの話者交替のスキルを伸ばすために教師ができることはたくさんある。たとえば、ブラッド・ジェイコブソン教諭は、第2学年の子どもたち一人ひとりにゲーム用チップを3枚ずつ配る。グループで発言するたびに、子どもたちはテーブルの真ん中に置かれているバスケットにチップを1枚入れる。チップを使い切ってしまったら、子どもたちは話を聞くだけで、何も発言することができない。全員がチップを使い切った時点で、子どもたちはグループに情報を追加することができる。「誰もずっと話し続けてはいけないということを子どもたちに教えるために、ちょっと人工的なこのゲームを使っているんです。話し手を交替することが大切だということを子どもたちにわかってほしいのです。誰かが話す時間をコントロールするのではなく、全員が何回も交替するんです」とジェイコブソン教諭は言う。

アンドレア・ビアンキ教諭の中学校の歴史の授業では、グループごとに、誰が話すべきかを示す視覚的手がかりが与えられている。生徒たちは、順番に「トーキングスティック」を仲間に渡し、その仲間に発言の機会が与えられる。「こうすることで、生徒たちを話し手に集中させることができると思うのですが、私は、時間が経つにつれて、より自然に、ギブ・アンド・テイクが成り立つような会話ができるようになってほしいのです。トーキングスティックを使って順番に話をし、他者の話を聞くことを学ぶことに集中させているのですが、生徒たちが話者交替のスキルを般化したかどうか確認するために、生徒たちにたんに話をさせることもあります」とビアンキ教諭は述べている。

誰が3番目に話すのかに注意することも、話者交替に取り組んでいるときに教師が考えるべきことである。教師が話し、生徒が話したあとに話すのは誰なのか。その答えは「いつも教師である必要はない」はずである。

生徒たちに、各自の持ち時間がどの程度残っているかを教えるために、時に教師はタイマーを使用する。このことは、聞き手にとっては待ち時間を知ることができるという点で、話し手にとっては自分が発言できる時間がどのくらい残されているのかを判断することができるという点で、効果的な方法となりうる。話者交替を強制するために、各生徒に文字や役割を割り当てて、グループ内でどの人が話すべきかということを決めてしまうという方法もある。たとえば、幼稚園で教えているアメリア・ブロデューア教諭は、定期的に読み聞かせを中断して、「Aさん、Bさんとお話しする番ですよ」と言う。その後、彼女はまた読み聞かせを中断し、今度は「Bさん、Aさんとお話しする番ですよ」と言う。どちらの教員も子どもたちに話者交替の練習をさせることにより、それがどのような感覚なのかということを理解させている。しかし、このような指導ツールは次第に使わないようにして、子どもたちに、グループのメンバーとどのようにやりとりし、自然に話者交替するのかという方法を身につけさせる必要がある。表3-4に示したような振り返りのためのセルフ・アセスメントツールは、子どもたちがグループに対する自分の貢献について考え、これから取り組む必要がある領域を特定することに役立つだろう。

表 3-4　グループ参加のセルフ・アセスメントツール

項目	いつも	ときどき	たまに
グループにアイデアを提供した			
メンバーの話に耳を傾け，尊重した			
グループメンバーとシェアするために交替で行なった			
課題の準備をしてグループに参加した			
グループのメンバーと協力した			
このプロジェクトの仕事を公平に分担した			

オンライン授業では

表 3-4 に示したようなセルフ・アセスメントツールは，同期型学習セッションの最後に，出口調査として用いることができる。さらに，非同期型セッションにおいて，生徒たちに，グループに対する自分の貢献度についてセルフ・アセスメントしたり，振り返りを書く機会を提供したりすることができる。これらの情報は，子どもたちのさらなる学習経験を計画するために用いられるべきであり，そうすることによって子どもたちのスキルは成長し続け，コレクティブ・エフィカシーは高められる。

Column

パイデイア法

パイデイア法[*11]はアドラー（Adler, 1998）によって開発され，ロバーツとビリングズ（Roberts & Billings, 1999）によって実施された教育方法である。このパイデイア法は，教授的指導，ソクラテスセミナー，コーチ・プロジェクトの３つの要素から構成され，一連の授業の中でそれぞれおよそ3分の1ずつ取り扱われる。教授的指導段階では，生徒たちが十分な情報を携えた立場でセミナーに参加するための領域と方略に関する知識を獲得する機会を提供する。ソクラテスセミナーにおける質問のポイントは，批判的思考を伸ばすことにつながる豊かで魅力的な文章（この文章には，音楽や絵画，車のマニュアルといった文字以外のものも含まれる）に基づいた，思考を喚起する自由回答形式の質問を提供することである。このセミナーは探究心を促進することを目的としており，考えを探り，その考えをつかみ，確かめることができるようにする。自由回答形式は，「正解」にたどり着くためのものではなく，生徒たちが思考過程に注目し，自分自身や他者の思考や主張を検証することを助けるためにある。

コーチ・プロジェクトは，教室外の聴衆に対して，ある主題の習得を証明する制作物やパフォーマ

＊11　「パイデイア（paideia）」は「子ども（pais）」を訓練して成人にすることを意味するギリシア語。「教育学（pedagogy）」の語源でもある。

ンスである。このプロジェクトでは、さまざまな達成規準に照らして測定された厳密で適切、かつ質の高い作品に重点が置かれる。聴衆が教師だけではないということを考えると、評価のポイントも変わり、生徒たちは、しばしばより高い規準に到達することを望むようになる。「しかしながら、手に触れることができる最高品質の作品をつくりたいという欲求は、特にその作品が生徒たちにとって本質的な価値をもち、かつ、外部の真の聴衆にとっても価値あるものとなっているとき、生徒たちにとって強力な動機づけの源泉になると私たちは信じている。教室での活動が適切で真正であると感じたときにのみ、ほとんどの生徒たちは、学習という非常に現実的な仕事に取り組むようになるだろう」(Roberts & Trainor, 2004, p.515)。

ジョン・ハッティ（Hattie, J.）は、パイデイア法の実施を評価するチームの一員（Hattie et al., 1998）だったのだが、この方法にたいへん感銘を受け、自分でも試してみることにした。彼は「テスト開発」という講義の2時間授業で、メシックによる妥当性の概念を教えたのだが、生徒たちはすべての質問に解答し、協力して問題を解決し、詳細なメモを残した。そして、次の授業、ソクラテスセミナーへ。ジョンは生徒たちを輪にして、工夫を凝らして、「自由に回答できる」質問をしたのだが、おそらく彼にとって最も難しいスキルは「黙る」ことだった。話を聞きながら、彼は誰が誰に話したのかを社会的ネットワークダイアグラムに描いた。この目的はソシオグラムを描くことではなく、生徒たちに自分たち次第であるということを示すためだった。生徒たちは常にジョンに意見やヒントを求めており、互いに声を出して話し合いたがらなかった。しかも、声を出して話し合ったときには、浅はかな質問をしたり、互いに間違った答えを言ったりした。このセミナーでの彼の影響力は目を見張るものだった。ジョンが「コントロール」し、自分ではとてもよいと信じていた（そして、生徒たちの評価も高かった）方法であったにもかかわらず、パイデイア法で教えた経験は、彼の講義方法を永遠に変えてしまった。

パイデイア法は、教師主導の授業、生徒主導の授業、生徒の考えや間違いを聞く寛容さや考えの構築と解体、生徒たちが協力し合う活動の確保などのコーチ・プロジェクトでバランスを取っている（Billings & Fitzgerald, 2002; Haroutunian-Gordon, 1998; Orellana, 2008; Pihlgren, 2008; Robinson, 2006; Robinson & Lai, 2006 を参照）。デイヴィスとシンクレア（Davies & Sinclair, 2014）は、パイデイア法は、同じトピックに関する通常の教授法と比較して、より複雑で深い思考を導くことを示している。これは特に生徒間や生徒と教師の間のやりとりの性質によるものだった。これらのやりとりには、生徒たちが自分たちの思考に対する根拠と正当性を求めて、「互いに同意した場合には、さらなる情報を求めること、互いが同意できない場合には、互いになぜ同意できないのかをさらに詳しく説明すること、自分の意見に反対した生徒に返答し、さらに説明を加えること、他の生徒に説明すること」（p.39）が含まれていた。また彼らは、社会経済的に高い学校と比較して社会経済的に低い学校では、ソクラテスセミナーやコーチ・プロジェクトの段階で効果をもたらすためには、教師による教授的指導を長くしたり、成果を出すための暗唱とは対照的な対話スキルを教えたりする必要があるということを指摘している。これは、ウィルキンソンとサン（Wilkinson & Son, 2010）による「質の高い話（Quality Talk）」プロセスの実施についての以下の主張と類似している。

- 生産的な会話の規範を確立するために、グラウンドルール*12を使用する
- 生徒たちに生産的な会話をする機会を与えるために、真の質問とフォローアップのための質問、生徒の反応を確認する質問を使用する
- より高度な思考を示す会話の要素の証拠に耳を傾けるために、話し合いの際に非公式のアセスメント方略を使用する

教育における権力と権力の誤用について批判し、解放教育学を展開したフレイレ（Freire, 1996）は、この章の内容を、次のように見事に要約している。「真の援助とは、変革しようとしている現実を理解するための共通の努力の中で、かかわっているすべての人が互いに助け合い、ともに成長することを意味している。援助する者と援助される者とが同時に助け合う、そのような実践によってのみ、援助という行為は、援助する者が援助される者を支配するという歪みから解放される」。

本章では、特に生徒たちのコレクティブ・エフィカシーの力を活用するために、生徒たちが伸ばす必要があるスキルをたくさん紹介してきた。他者とともに学び、集団の力に対する信念を育むために、生徒たちは本章で述べてきた「私」スキルを身につける必要がある。しかし、生徒たちをひとつのグループにまとめ、最善を尽くすことだけが生徒たちのコレクティブ・エフィカシーではない。たんに机を並べただけで、自動的にコレクティブ・エフィカシーが生まれることはないのであ

る。「私」スキルに加えて、生徒たちは「私たち」スキルも伸ばす必要がある。

＊12 話し合いの際にあらかじめ決めておくルール。

Chapter 4 「私たち」スキルを伸ばす

本章では、生徒が同級生とともに、活動や学びで成果を収めるのに必要な「私たち」スキルを探究する。もちろん、一連の「私」スキルと「私たち」スキルは分離したものでも、独立したものでもない。むしろ、両者は集合的経験において成果を収めるために、補い合う欠かせないものである。コレクティブ・エフィカシーとは、グループの各メンバーの個人的なエフィカシーのたんなる合算にとどまらない。グループのメンバーが、自分たちは変化をもたらすことができると信じ、個人的スキルと集合的スキルを結集し、自分たちの集合的な努力が有効であるというエビデンスを確認したときに、相乗効果が生まれる。

1 共通の信念（ビリーフ）を伸ばす

コレクティブ・エフィカシーは、一連の信念、すなわち、グループが成果を収めるための総合的な能力をもっているという信念のうえに成り立っている。つまり、バンデューラが定義するようにコレクティブ・エフィカシーとは、「あるレベルの到達を実現するために必要な行動を組織し、実行することができるというグループの共同的な能力に対する信念のこと」である（Bandura, 1997, p. 477）。これは、教えるのが難しい「私たち」スキルの一つである。それは時間をかけて、経験を積んでいくことで伸ばしていけるものである。生徒たちは、与えられた課題をこなし、そこから学ぶという「成果を出す」グループを経験することで、グループの個々のメンバーもグループが効果的で効率的な活動や学習の手段であると考えるようになる。第5章では、こうした信念を生み出すのに有効なさまざまな課題に焦点を当てる。本章では、生徒がグループについての肯定的で生産的な信念をもつようにすることに焦点を当てる。

まず、これはかなり難しいことがわかった。信念とは、私たちが事実とみなしたり、正しいと確信したりするものである。経験や、他者が教えてくれることに基づいて、信念は発展する。シェルマー（Shermer, 2011）が指摘するように、たいていの場合、私たちはまず信念を形成し、それからそれを裏づけるエビデンスを探す。シェルマーは、これは私たちの脳の働きによるところが大きいと説明する。彼は特に2つの側面を指摘している。それは、パターンを探すことと、因果関係を示すのを好むことである。この2つの側面が合わさることで、私たちの脳は、絶えず流れ込んでくる情報から常に意味を見いだそうとする「信念の原動力」となる。いったん信念が形成されると、私たちの脳はその信念に矛盾する情報は無視して説明することで信念を正当化する。では、これが生徒のコレクティブ・エフィカシーとどのような関係があるのか。大いに関係があるというのが私たちの考えである。

私たちは教育者として、自分たちのグループワークが有益で、効果的で、楽しいもので、成果を収めて、多くのことが学べると生徒が確信できるようにしなければならない。これは、協働的な課題に対する教師の態度から始まる。生徒同士のやりとりや協働を必要とする課題を取り入れる場合、教師は熱心で積極的でなければならない。教師は課題の価値を過小評価すべきではない。私たちはかつて教師が、「今日はちょっとしたやるべき活動があります。それほど難しくはないので、あまり心配しないでください。グループで活動すれば、早く終わるでしょう。これはたんなる練習であり、採点するつもりはありません」と言っているのを見たことがある。

これがすべて本当だとしても、この課題の説明で強化される信念を想像してみよう。この説明には問題がある。ここには、練習をすることはまったく間違ったことではない、私たちは物事を早く進めるためだけにグループに課題を与えるのではないという事実が、(誤解を生むかたちで) 含まれてしまっているのである。ここでの要点は、とりわけ教師と生徒に信頼関係があるときに、コレクティブ・エフィカシーを伸ばすために、とても重要な一連の信念を構築するのは教師の熱意だということである。

早期の協働的な体験で、成果を収める機会を生徒に提供すべきだという指摘は重要である。たとえば、もしあなたが新しい協働的な読解方法を取り入れるとしたら、生徒がその読解プロセスに集中できるよう、テキストの難度を下げることが賢明である。たとえば、ミルトン・ハーゲ教諭の中学の理科の授業では、生徒は位置エネルギーと運動エネルギーについて学んでいた。生徒は、これらの概念を説明するビデオクリップを見た。ハーゲ教諭は生徒のためにいくつかの読み物を用意し、最も簡単なもので始めることを選んだ。彼は、生徒にはまだ馴染みのない、テキスト解釈（表4-1参照）と呼ばれる新しい協働の手順を取り入れた。彼はこう言った。「私は最近、新しい協働的な読解プロセスを学びました。理科の先生は一緒に読むときに全員でこれを活用していて、私の大のお気に入りです。テキストの中の重要な情報を確認するのにとても役立つと考えているので、あなたたちとこのプロセスを共有したいのです。位置エネルギーと運動エネルギーに注目していることを思い出してください。これから私たちが読む記事は本当にすばらしいものです。これはジェットコースターについての記事です。私たちは今週、これらのエネルギーについてたくさん読んでいきますが、まずは、乗り物からです。位置エネルギーと運動エネルギーはいたるところに存在することを、学べるはずです。私たちはこのトピックの専門家になって、あらゆる場所でエネルギーを目にするでしょう。テキスト解釈の手順は以下のとおりです」。

表 4-1　テキスト解釈の手順

・グループで交流し，書記を決める

・ラウンド1: 各自が重要な文章を発表する
・ラウンド2: 各自が重要なフレーズを発表する（書記が記録する）
・ラウンド3: 各自が重要な単語を発表する（書記が記録する）

・その資料について何を聞き，何を述べるかをグループで話し合う
・グループは，資料に関して明らかになった単語や新しい知見を共有する
・グループはテキスト解釈のプロセスを報告する

ハーゲ教諭はこの手順を説明し、生徒はテキストを読み、グループのメンバーと共有したい文章、フレーズ、単語を確認するといった活動に取りかかった。彼は生徒とやりとりをして、コメントを加えたり、質問したりしながら、それらを確認するためにグループを回った。必要な内容を学びながら成果を収めるための教師の熱意と生徒用の計画は、グループに対する生徒の信念(beliefs)を強める助けになった。

第6章における学習のねらいと達成規準の考察にあるように、教師はグループを適切に伸ばす達成規準が最善であると確認し、その規準を達成するのにふさわしい足場かけ、フィードバック、支援、自信を確実なものにしなくてはならない。

残念なことに、生徒の信念がすでに固まっていて、その信念を生徒が修正するのを教師が手

オンライン授業では

テキスト解釈は，オンライン学習において非常に有効に機能する協働的な課題の１つである。生徒は事前に，もしくは，メインルームでテキストを読む。その時点の課題は，重要だと考えた文章，フレーズ，単語を確認することである。読み終えたらすぐに，グループのブレイクアウトルーム[†]に移動し，その文章やフレーズ，単語をGoogle ドキュメントに記録しながらテキストを解釈する。グループのメンバーや教師は，Google ドキュメントで進捗状況を観察できる。すべてのアイデアが仮想テーブルに提示されると，彼らは聞いたことについて話し合う。生徒は，自分の選択，テキストの他の箇所の意味を相互に質問しあう。そうすることで，テキストの理解を深め，成果を収めることができたのはグループのおかげであると彼らは考える。

† ビデオ会議で，参加者を少人数のグループに分けてミーティングを行なうためのZoomの機能。

助けしなければならない場合がある。グループワークがうまくいかなかったという経験談を私たちは数えきれないほど聞いている。それは、「でも、グループで活動したのは1人だけだった」といった主張で、多くの場合、その1人が、私たちにその話をした本人である。生み出され、強化される信念は、反グループ、反コレクティブ・エフィカシーである。この生徒は、他者との活動に何の価値も見いださず、それどころか、グループ課題はかたちだけのものとみなす。

生徒がグループ課題について否定的な信念をもっているとしたら、コレクティブ・エフィカシーの恩恵を受けることはできそうにない。こうした信念を変えるには、生徒はそれとは逆のエビデンスに直面する必要がある。そう、シェルマー（Shermer, 2011）が指摘するように、既存の信念と一致しない情報はしばしば無視される。しかし、信念は、ある程度の粘り強さとちょっとしたクラスメイトの手助けで変えることができる。

Column

活動中の生徒のコレクティブ・エフィカシー1

これは、ジェシカ・マチャド教諭の第9学年の英語の授業でまさに起きたことである。生徒たちはさまざまな中学校から来ており、その多くはクラスメイトとの学習に肯定的な信念をもっている。実際、すばらしいグループ学習の経験をした生徒もいて、ブリアンナは新年度早々、「マチャド先生、先生の授業ではグループワークをするのですか。昨年、私はトンプソン中学校に転校して、他の生徒と一緒に学ぶことが多くなったので、成績が上がりました。以前は、すべての活動を一人でしなければならず、私はいつも理解できていませんでした。トンプソンでは、一緒に物事を考えなければならず、私のグループはそれがとても得意だったので、より多くのことを学ぶことができました」と尋ねてきたほどである。

しかし、マチャド教諭の授業では、生徒のコレクティブ・エフィカシーの効果について、ブリアンナのようなきわめて肯定的な経験をもつ生徒ばかりではなかった。たとえば、アンソニーは、グループワークをすると自分の頭が悪いと感じるので、嫌いだと話した。彼はこう続けた。「他の子たちはみんな詩や本についてわかっています。私が理解していないと、みんな笑います。私は国語が苦手です。読んでいることを私は全然理解していなかったので、昨年の成績はF*1でした」。

マチャド教諭は、生徒に対して一連の簡潔な協働的な課題を計画し、どのように交流して、他の生徒の学習を支援するのかがわかるモデルとなるように、慎重に生徒をグループ分けした。まず、アブドゥラ・ショアイブの「Pretty Ugly（きれいで醜い）」という回文詩*2で始める。一方向から読むとその詩はとても悲しいが、別方向から読むと元気づけられる。マチャド教諭は初めに生徒に詩を読むように促す。彼女は、この詩に表と裏があることを生徒には伝えなかった。グループは、この人物に対する自分たちの反応や、この人物にこうした悲しい詩を書かせたのはどのような経験なのかを話し合った。マチャド教諭はこう言った。「これらの質問には多くの正解があります。ただ、自分の考えを発表するときには、エビデンスとして詩の一節を必ず引用するようにしましょう」。

マチャド教諭は、アンソニーの信念に向き合うには、まずグループが有効であるというエビデンスを強調する必要があると考えて、彼のグループに加わった。「彼女が醜い人間だと誰かが何度も彼女に言ったに違いありません。他の人から何度もそう聞かされないかぎり、自分自身をそう言ったりはしないでしょう。もしかすると、赤ん坊くらいの頃から母親に醜いと言われてきたのかも」とラマーが言ったときだった。

アンソニーは、「私も同じことを考えていました。私の母は私のことを醜いと言ったことはないですが、もしそう言ったとしたら、私も自分自身をそう考えるようになるかもしれません。でも、この人物は今でも愛されるに値するから、まだ完全にはあきらめてはいないとも言っています」と答えた。そのとき、マチャド教諭はアンソニーに微笑んで、紙にメモを書き、それをアンソニーにそっと渡して立ち去った。そのメモには、「あなたはグループに貢献し、そのおかげでグループでは詩の意味について考えることができました。あなたは他の人から何か学びましたか？」とだけ書かれていた。

上から読んだ詩を生徒が理解したと彼女が確信したところで、今度は下から詩を読むよう促した。アンソニーは我慢できず、グループに向かって言った。「驚きました。この人物には、2つのことが同時に起きています」。授業の最後に、マチャド教諭は生徒に「回文詩」を書くためのテンプレートを渡し、自身の詩の制作に取り組み、他者と共有するよう促した。アンソニーが手を挙げ、先生に提

＊1　アメリカでは生徒の成績は主にA～Fの5段階で評価され、Fは不合格を意味する。
＊2　上から読んでも詩になり、下から読んでも別の詩になる詩。

出する前に、下書きを書いて、グループで見せ合う時間があるかを尋ねた。マチャド教諭は再び笑顔で、「詩の下書きをして、採点期限の前に聞き手に反応してもらうのはよい考えです」と同意した。

この一日で、アンソニーのグループに対する信念が劇的に変わったわけではないが、これが出発点となった。彼にとって、グループ課題がうまくいかない日もあれば、本当にうまくいく日もあった。しかし、彼はより肯定的な実例ややりとりを通して、少しずつ信念を変え、自分は他者から学べるし、学習を確実なものにする効果的で効率的なグループがあることを理解するようになった。アンソニーは、ブリアンナや他者がすでにもっている社会的感受性をさらに高めていった。そして、この社会的感受性は、彼がコレクティブ・エフィカシーの効果を活用しはじめたときに、とても役立った。

2 社会的感受性

グループが成果を収めるために、生徒のコレクティブ・エフィカシーに必要なすべての「私」スキルと「私たち」スキルの中で、次の2つが最も有力である。

1. 個人の他者に対する社会的感受性の力量
2. グループの集合的な潜在力

本節では、前者に焦点を当てる。社会的感受性の高さは、生徒の他者の視点の理解にとって重要である。他者の視点の理解は、集合的知性の潜在力を高める。トーマス・マローン(Malone, T.)は「集合的知性（collective intelligence）」という言葉をつくりだしたが、現在では、グループの各自の協力や集合的努力から発展する共有の知性や、集団の知性を表わすために広く使われている。

集合的知性と大きく関連する3つの行動や側面がある（Woolley et al., 2015）。

1. 話者交替の量
2. グループの社会的感受性の平均レベル
3. グループの女性比率

話者交替は第3章の「7　コミュニケーション・スキル」ですでに取り上げているが、同様に社会的感受性も重要である。ロウ（Rowe, 2019）は、社会的感受性と発話の話者交替が集合的知性に重要かつ決定的な役割を果たすことを確認した。彼は、集合的知性の発達においてあまり重要でない要因も特定した。その中には以下が含まれる。

・グループの最高レベルの能力。つまり、本当にすぐれた能力をもつ個人が、より高い集合的知性をもたらすわけではない

・グループの最低レベルの能力。つまり、相対的に低い能力をもつ個人が、より低い集合的知性をもたらすわけではない
・性格要因：経験を積極的に受け入れる姿勢、外向性、神経症的傾向、同調性
・グループの男女比
・グループ内の友人の比率

あまり重要でない特性もわかっており、これらは社会的感受性の重要性とはまったく対照的である。要するに、グループのメンバーが社会的感受性を発揮するときに、集合的知性が発展する。社会的感受性とは、他者の立場に立って、その感情や見方を感じ、理解し、尊重する能力のことである。これには、間違いを認め、他者をありのままに受け入れ、他者が何を考え、何を感じているかを読み取り、前に進むためにグループ内で起こっている問題を解決し、他者やグループの気持ちや感情に共感し、グループの他者の話に耳を傾けるとともに、しっかり聞いていることを示す能力が含まれる（Bender et al., 2012）。社会的感受性は、単純な課題よりも複雑な課題に取り組むときに特に重要である。複雑な課題の場合、ミスをする機会が多くなり、新しい情報を探す必要性、誤った意思決定をする可能性、他者の意見にしっかり耳をすます必要性が高くなるからである。

ありがたいことに、社会的感受性は教え、育み、伸ばすことができる。一方で、教師には、生徒の共感力（empathy）を高めることに重点を置くことが求められる。他方で、他者がどのように共

感しているか、あるいはしていないかを知る機会を生徒にもたらす多くの本がある。共感力を探究するのに役立つ本には、次のようなものがある。

- マット・デ・ラ・ペーニャ『*Last Stop on Market Street*（おばあちゃんとバスにのって）』＊3
- マリベス・ボルツ『*Those Shoes*（あの靴）』
- マイケル・リーナ『*Most People*（多くの人たち）』
- R. J. パラシオ『*Wonder*（ワンダー）』＊4
- スティーヴン・チョボスキー『*The Perks of Being a Wallflower*（ウォールフラワー）』＊5
- チヌア・アチェベ『*No Longer at ease*（もはや安らぎはない）』

ボルバ（Borba, 2018, p.28）は、効果的な共感力の教育＊6には、有能で共感的なスクールリーダーが指導する7つの基本原則を守る必要があると考える。

＊3　石津ちひろ（訳）『おばあちゃんとバスにのって』 鈴木出版、２０１６年（絵本）
＊4　中井はるの（訳）『ワンダー』 ほるぷ出版、２０１５年
＊5　田内志文（訳）『ウォールフラワー』 集英社、２０１３年。原作者自身が監督を務めて映画化され、２０１３年に公開されている。
＊6　相手の立場になり相手の考えや思いを想像して理解しようとする利他的な行動を育むプログラム。

1. **継続性**：共感力の教育は、一回かぎりの授業ではなく、繰り返し重点的に取り組むものである
2. **織り込まれていること**：共感力は、付加されるのではなく、内容ややりとりに組み込まれている
3. **有意義であること**：指導は真正であり、心に触れ、「私」を「私たち」へと拡張する
4. **内面化されること**：生徒が共感力を生涯の習慣として身につけることが目標である
5. **生徒中心であること**：カリキュラムではなく、生徒のニーズが授業や経験を活性化させる
6. **尊重しあう関係であること**：共感は尊敬と思いやりの文化を育む
7. **共感的なリーダーシップ**：共感はモデル化され、期待される校長のビジョン、目的、スタイル、やりとりの核心をなす

共感は、それ自体が有意義な目標である。まさに、集合的知性を構築する社会的感受性を促し、それが生徒のコレクティブ・エフィカシーを刺激する。もし生徒が、教師が設定した協働学習の仕組みから恩恵を受けようとするのであれば、実践すべき、きわめて重要なアイデアがある。

Column

活動中の生徒のコレクティブ・エフィカシー2

相手の立場になって物事を考える視点取得（perspective taking）のスキルは、共感力の重要な一部である。さらに、異なる多様な視点が示され、分析対象となる場合に限ると、ここでも文学作品は有益である。田中ひろこ教諭は、第4学年の生徒に対し、『*Voices in the Park*（こうえんで…4つのお話）』[*7]（Browne, 2001）という絵本を使い、相手の立場になって物事を考える授業を行なった。この本は、疎外と友情をテーマに、同じ物語を異なる登場人物が各自の視点から語るものである。田中教諭は、「同じ経験でもさまざまな視点から解釈できることを児童には理解してほしいです。もちろん、適切ではない視点もありますが、さまざまな有効な視点があることも多いのです。視点を取り入れることについて書かれた多くの本を読み、授業で話し合った数冊の本を参考にしながら、グループのメンバーの視点を考えることを生徒には求めています」と言う。

田中教諭は、構造的な記述を促す方略を使って、生徒がさまざまな役割、

表4-2 RAFT記述プロンプト

R: 作家としてのあなたの役割（Role）
A: あなたの記述の読者（Audience）
F: あなたの記述の形式（Format）
T: あなたが書いているトピック（Topic）

*7 久山太市（訳）『こうえんで…4つのお話』評論社，2001年

つまり視点を担って、その応答を作成するよう促す。ＲＡＦＴ方略(Santa & Havens, 1995) は、役割、読者、形式、トピックに焦点を当てる（前頁の表4-2参照）。教師は、生徒が同じ文章であっても異なる視点を使って練習できるように、役割と読者を定期的に変える。たとえば、世界中のシンデレラストーリーの調査の一環として、『*Yeh-Shen: A Cinderella Story from China*(イェーシェン：中国のシンデレラストーリー)』(Louie, 1996) を読んで話し合ったあとに、生徒に以下の指示書を与える。

R　シンデレラ
A　イェーシェン
F　手紙
T　私たちの姉妹

『*Rough-Face Girl*（みにくいむすめ）』*8 (Martin, 1992) を読んだあと、田中教諭は、生徒の名字に基づいて、表4-3のような2種類の記述指示書を作成した。

この場合、2つの異なるシンデレラのバージョンから、さまざまな

表 4-3　2種類の記述指示書

	名字 A－M	名字 N－Z
役割（Role）	シンデレラ	イェーシェン
読者（Audience）	みにくいむすめ	みにくいむすめ
記述形式（Format）	手紙	手紙
トピック（Topic）	私たちの姉妹	私たちの姉妹

視点を生徒が確認したかどうかを具体的に知るために、田中教諭は役割だけを変えている。すべての本において男性が救いの手を差し伸べる理由についても時間をかけて話し合い、生徒はシンデレラが自分自身を救うという別の結末を新たにつくるよう求められた。

もしあなた自身が社会的感受性に興味があるなら、次のウェブアドレスsocialintelligence.labinthewild.org/mite/にある、「目で心を読む」テストを試してみる価値があるかもしれない。このテストは、他者を理解し、協力する能力の測定によく利用される。目のみの写真を見ることで、その人物の心の状態を正確に解釈する能力を測定することを目的とする（Baron-Cohen et al., 2001）。これは、グループで活動する個人の成功、とりわけ困難な課題においてグループが成功するかどうか、他者を理解して協力するコレクティブな能力に関する重要な予測因子である。自分はどうかを知ってみよう。生徒に社会的感受性を教えることには、時間をかける価値があると納得できるだろう。

私たち人間は、鳥やハチ、魚とはちがい、群れるための閉ループ[*9]を瞬時に形成するという

＊8　常盤新平（訳）『みにくいむすめ』岩崎書店、1996年

＊9　目的とする条件を自動的に達成して維持するように設計されたシステムのこと。

生来の能力を進化させてこなかった。ジョン・ハッティ（Hattie, J.）とシャーリー・クラーク（Clarke, S.）は，フィードバックに関する本[*10]の表紙をムクドリの群れ（murmurationと呼ばれる）にした。そこには，フィードバックは与える側と受ける側の相互関係が必要であり，両者は周りで生じている学習上の微妙な変化を理解し，学習を前に進ませるために，時に協力し合わなくてはならないという暗黙のメッセージが込められている。群れをなす鳥は群れを通して高速の動きを察知し，ミツバチの群れは情報を記号化した「尻振りダンス」と呼ばれる複雑な体の振動を発生させる。生徒が集まってにぎやかにしたり，他者と一緒の学習に対して慎重になったり，グループを，前に進めようとする「複数の目」をもつものと捉えたりする必要がある。ヤングら（Young et al., 2013）は，ムクドリがもつ「きわめて不安定な環境，限られた騒々しい情報伝達の中で，群れとしてのまとまりを維持するすぐれた能力」を調査した。鳥は自分の最も近くにいる6〜7羽の鳥からの情報を活用しており，それが群れのまとまりと個々の努力との絶妙なバランスであることを彼らは発見した（第7章のグループの大きさに対するヒント）。これ以上の数になると，さらなる

オンライン授業では

オンライン学習でも同様に，グループの規模が重要である。低学年の生徒の場合，交替しながら話したり聞いたり，相手方に焦点化したりする機会が確保できるように，ペアで行なうことがよくある。年齢が上がるにつれて，グループの規模は大きくなる傾向にある。重要なのは，生徒が課題とその課題を取り上げる際の自分の役割を理解しなくてはならないということである。

感覚的・認知的な努力が必要となり、不確実性が増し、群れが崩れてしまう。

3 潜在力

社会的感受性を取り入れたとき、生徒のコレクティブ・エフィカシーを伸ばすために必要な2つの有力なスキルがあることを述べた。1つ目はすでに検討したので、今度は2つ目のスキルである。リーら（Lee et al., 2011）が指摘するとおり、グループの有効性は3つの要因に影響される。それは、課題での相互依存関係（グループのメンバーがどれだけ深く協力し合っているか）、成果における相互依存関係（グループのパフォーマンスは報われるかどうか、報われるとしたらどのようにか）、潜在力（potency；グループが有能であるというメンバーの信念）である。本書の第5章で課題での相互依存関係を探究し、第8章では報酬とグループのアセスメントを用いた成果における相互依存関係に注目する。では、潜在力に目を向けてみよう。

シアとグッツォ（Shea & Guzzo, 1987）は、チーム・エフィカシー（team efficacy）を決定する重要な要因として、グループの潜在力という概念を提唱した。彼らは、潜在力を「グループは有能

＊10 Hattie, J. & Clarke, S. (2018). *Visible Learning: Feedback*. Routledge.

（effective）であるというグループのメンバーの集合的信念」（p.26）と定義する。潜在力とチーム・エフィカシーには多くの類似点があるが、出発点として重要なのは、潜在力が課題や内容を横断するチームの能力に関する一般的な信念（つまり、私たちのチームならどんな課題でも成功するだろう）について言及することである。これに対して、チーム・エフィカシーは、目標を達成するためのチームの能力をより肯定的に評価する。「私たちなら成功するだろう」と「私たちなら成功できる」のちがいである。たとえば、あるチームのメンバーは、ある新製品を考案できる（高いチーム・エフィカシー）と信じているが、その製品を効率的に生産し、市場に出し、販売できるとは信じていないかもしれない（低い潜在力）。潜在力が高ければ高いほど、集合的な成果はより確実になる。

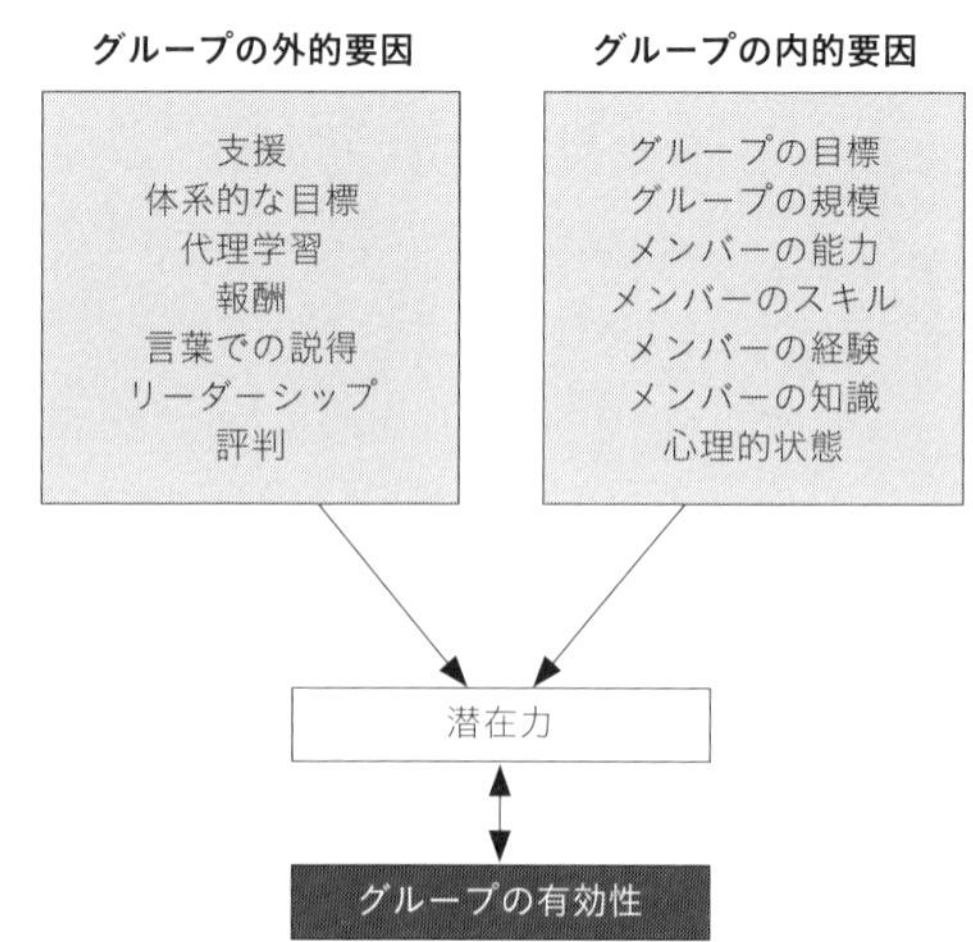

図4-1　潜在力のモデル（Guzzo et al., 1993）

グッツォら（Guzzo et al., 1993）は、エフィカシーに影響を及ぼす外的要因と内的要因があることを示している（図4-1参照）。彼らが指摘するように、これらの要因は、グループが集まって課題を仕上げるときに常に作用する。私たちは教育者として、グループを編成し、課題づくりをする際に、外的要因と内的要因の両方を考慮する。その多くは、すでに本章で紹介されている。中でも代理学習と説得、そしてグループ学習において目標が果たす役割に着目している。

マイケル・ウー教諭は、潜在力の要因を突き止めたとき、グループで生徒のリーダーシップを伸ばす必要があると考えた。ウー教諭は高校生に数学を教えていて、生徒は多くの場合、自分は数学が苦手で、理解できないという信念をもって代数や幾何に臨むと指摘した。彼はこう述べる。「こうした反数学的マインドセットに立ち向かわなければならず、そのための最良な方法の一つは、生徒が一緒に活動して、成功できることをわからせることだ。グループが効果的であれば、個人はグループの成功に果たす自分の役割を認識しはじめるでしょう」。

ウー教諭は、「リーダーシップは、潜在力とそれに続く生徒のコレクティブ・エフィカシーを高めるための欠けたピースである」という考えを検証するために、最初の時間に10人の生徒を選んだ。この10人は学級であまり成績のよい生徒ではないが、どちらかといえば学級や学校で人気者と思われている生徒たちである。ウー教諭は、彼らに放課後に会って話をしたいと頼んだ。この話し合いの際、ウー教諭は「リーダーになるとはどういうことか」を説明するよう生徒に求めた。ほとんどの生徒が一致して、他者を従わせることだと答えた。「もしあなたたちの説明のとおりだとしたら、あなたたちは皆すでにリーダーです。他の生徒はとっくにあなたたちに従っています。でも、私は、リーダーシップとはそれ以上のものだと考えています。それは共通の目標といった何かを達成するために、人々を動機づけることにかかわると思います。あなたたちは、励ましと支援の両方ができなくてはなりません。これから1か月間、私たちの学級でグループリーダーを務めてくれる人はいませんか？」とウー教諭は生徒に言った。

キアラが最初に答えた。「つまり、そう、私は数学がとても苦手です。自分が何をしているのかがわからなければ、人を助けることなんかとてもできないです。だから、先生は人選を間違っていると思います」。

ウー教諭はこう返答した。「あなたは他の生徒と一緒に数学を学ぶ必要があるでしょう。でも、考えてみてください。リーダーはいつも、導かれる人よりも先にすべてを知っていなくてはいけませんか？　みんなが自分の役割を果たすよう確かめながら、リーダーが学ぶことはできないでしょうか？」。

キアラはうなずいて言った。「はい、わかりました。やってみます」。そのとき、他のみんなも同じく同意した。キアラは、明らかに影響力のある生徒であった。それから1週間、ウー教諭はこのグループの生徒にリーダーシップの課題を与え、簡単な授業をした。他の生徒が個々で課題に取り組んでいる間に、ウー教諭はグループとしての彼らと集まった。その10分間で、会話の方向性を変えるためのアイデアが生徒に提供された。その多くは、技術分野で活動する仲間からもたらされた

（さらなる考えについては、www.iltsa.org/National_TSA_Leadership_Lessons.pdf を参照）*11。

翌週、ウー教諭はグループを再編成し、10名のうちの1名ずつを新しいリーダーとして各グループに配置した。彼は、非常に難しい問題にグループで取り組むよう伝えた。各グループに臨時のリーダーを置くが、全員が学習に参加し、グループの考えを説明できなくてはならないと彼は述べた。彼らの課題は以下のとおりである。

演劇部は新しい衣装を購入するために、バーベキュー大会を開催します。バーベキューチキン、ベイクドビーンズ、ポテトサラダ、ロールパンからなるプレートランチをつくりました。以前の開催者のデータによると、ランチ代を4ドルにすると、120食売れたことがわかりました。4・5ドルにすると、110食でした。この傾向が続くと仮定すれば、総収益を最大にするには、一食あたりいくらにすればよいでしょうか。

各グループのリーダーが動きはじめた。彼らは、グループの各メンバーの最初の考えをグループ内で共有させることが自分たちの役割であるとわかっていた。それから、問題解決へと続き、グルー

*11 TSAとはTechnology Student Associationの略で、科学、技術、工学、数学、ビジネス教育のスキルを開発するために設立されたアメリカの全国的な生徒組織。

プのメンバーにその考え、モデリング、実演を共有するよう求めた。それから25分間、各グループは問題を解き、各自の考えをメンバーに再度教え合った。彼らは、グループのメンバーが自分たちの答えの背後にある考えを確実に説明できるように取り組んだ。

授業が残り10分となったところで、ウー教諭は、学習したことを応用しなくてはならない課題に個人で今から取りかかることを伝えた。その問題はグループでの課題と似ているが、変数と数値が異なっている。生徒たちは自分の提案にいたった考え方を、他の生徒に対して説明することができた。教室から出る際、キアラが言った。「ええ、本当にすばらしかったです。私たちのグループは、先生が私たちに投げかけるどんなことでも解決できると思います」。

学級でより多くのリーダーを育てなくてはならないこと、1年かけて学級の全員にその役割を割り当てなくてはならないことをウー教諭は確信した。リーダーシップのスキルに焦点を当てるだけで、グループの潜在力を伸ばし、学習で果たす自分たちの役割についての一連の思い込みを変えることができたのである。

もちろん生徒は、外的要因と内的要因のいずれにおいても、スキルを伸ばしたり、支援を受けたりする必要があるかもしれない。とはいえ、潜在力に資する要因がなければ、生徒のコレクティブ・エフィカシーを本当に伸ばすことができるかどうか定かではない。そして、もし伸ばせなければ、生徒はクラスメイトと一緒に活動しても、そのグループ編成から学ぶことも、その有益さを理解することもできないかもしれない。「急がば回れ」という古い格言はここでも当てはまるようである。生徒が集団の力の恩恵を受けるには、彼らが伸ばさなくてはならない多くの「私」スキルと「私たち」スキルがある。そして、そのスキルが身につくと、さらに多くのことを学び、生涯にわたり役立つ生き方を育むことができる。

4 「私」スキルと「私たち」スキル

グループに何らかのスキルをもたらし、グループの経験に任せて、そこから学び、成功することとは、参加するすべての生徒を高めるものである。それは、個人のスキルの価値、さらに、他者とやりとりをする機会を活用するときによく学べるという信念を強化する。グループ内の他者とのやりとりが、スキル、特に「私たち」スキルを身につけさせ、強化

オンライン授業では

独力で独自の進度で課題に取り組む生徒がいるとき，リーダーシップのスキルを伸ばすために，より少人数のグループで生徒に対応することができる。たとえば，ブリアナ・カー・ホワイト教諭は第４学年の学級で，Zoom の待機室において，生徒に作文の課題をさせた。生徒はビデオ会議にログインしたままで，個別で活動していた。教諭は，ブレイクアウトルームでの話し合いを導いてもらうために，待機室から６名の生徒をメインルームに招き入れた。カー・ホワイト教諭は，クラスメイトに話すよう促すための文体の枠組み，グループを再び集中させるためのアイデア，作文を相互に評価するためのルーブリックを生徒のリーダーに与えた。自分が何をしたのかを全員が確実に理解できるように，グループのメンバーに対して，ルーブリックの１行目を説明することが各生徒に求められた。カー・ホワイト教諭は，生徒のリーダーを交替させて，ブレイクアウトルームに送り出す前に，その役割に対する心がまえを確認した。

し、生徒はそれを次のグループに引き継ぐことができる。実際、生徒が学び方や他者とのかかわり方を学ぶにつれて、「私」スキルと「私たち」スキルは伸び続ける。

ときには、生徒の協働学習がスポーツチームと比較されることがある。確かにスポーツチームは「私」スキルと「私たち」スキルに依存するが、そうでないことも多々ある。似ているのはここまでである。バスケットボールやクリケットでは、チームが勝てば、全員が勝つことになる。各選手は自分の個人的なスキルを活用して最大限の能力を発揮するが、チームが勝てば、間違いがあったり、ほとんど貢献しない選手がいるという事実があったりしても、すべての選手に勝利が保証される。もちろん、各選手には他の選手の個人成績と比較できる順位を根拠とした個人的な統計がある。学校の学力では、「グループの勝利」というのはまれである。多くのスポーツとは異なり、ほとんどの学力に関する課題はグループとしての勝利ではない。ロウ教諭が使ったテキストを理解すること、分数の割り算を習得することが全員に期待される。スポーツとの比較は、生徒のコレクティブ・エフィカシーの構築について考えるのにあまり役に立たない。

多くのスポーツと違い、学校のグループでは、全員がある一定レベルの内容理解に到達することが目標である。授業開始時に多くを理解している生徒もいるし、読み書き力や計算力が高い生徒もいる。したがって、学校では、「私たち」スキルが重要になるであろう将来の社会での役割のために生徒の土台を形成しつつ、「私」スキルを伸ばして強化することが、協働的な段階の学習目標である。生徒のコレクティブ・エフィカシーの核心は、チーム内で個人のアイデンティティを確立し、自分が貢献できるという自信をもち、そして、ばらばらの個々よりもグループのほうがより成果を収めるという信念を構築するために、生徒が互いに協力することである。私たちの生徒は、貢献者、翻訳者、伝達者、批評家としてグループで活動することが今後ますます求められ、それによって方略的で有能なチームのメンバーとして、グループでどのように活動するのかを認識して明確にすることが必要となるであろう。

Chapter 5 授業の学習設計

どのような学習であればグループで効果的かつ、より迅速に行なわれるのだろうか。生徒の学習を加速させるために、集団の力を利用できるのはどのタイミングだろうか。本章では、生徒が協力し合って取り組む際に、どのような条件が揃えば最良の結果が得られるのかに着目する。まず、目標、アセスメント、責任という3つの条件によって区別される4つの課題の定義について概略を説明する。そしてこれらの定義をもとに、本書で紹介するさまざまな課題例や授業例を取り上げる。

1 生徒のコレクティブ・エフィカシーを高める4つの鍵となる課題設計

課題設計に目を向けると、「目標」や「アセスメント」、「課題の種類」によって、動機づけはさまざまに変化する。表5-1は、集団で取り組むさまざまなタイプの課題を説明している（Steiner, 1972）。表の縦2列目は、私たちなりにアレンジして示したものである。学校での実例の多くは、オンライン学習に適用できるところに注意してほしい。オンライン学習の列にある実例は、生徒が

表 5-1　集団で取り組む課題

課題の特性	補足的な説明	概要	物理学教室での実例	オンライン学習での実例
加算型の課題 *	多くの人手があれば簡単に作業できる課題	生産性のためにメンバーの資源を総動員する必要があり，パフォーマンスはベストメンバーのそれを上回る	調べるテーマをブレイン・ストーミングする：ジグソー・リーディング	生徒が作成したサンプルテスト問題：WebQuest**** (生徒が調べ，共有し，作品をつくる)
補完型の課題 **	すべてのスキルを統合する課題	合意して個々人の貢献が集約されると，そのパフォーマンスは，個々のメンバーのパフォーマンスよりも優れているはずである	ナンバード・ヘッズ・トゥギャザー(NHT)，シンク・ペア・シェア，相互教授法	5つの言葉での要約（ペアで5つの言葉に合意したあと，別のペアに加わりもとの10の言葉から5つの言葉を納得して選び出す)：インターネット型相互教授法
結合型の課題 ***	すべてが完璧でなければならない，さもなければ失敗することになる課題	すべてのメンバーに効果的なパフォーマンスを求め，最も出来の悪いメンバーがパフォーマンスに影響を与える可能性がある場合	グループ試験，対戦型のディベート，得点表	個人的な説明責任のないグループ・プロジェクト，スピードや時間が求められ，競い合う学習課題
裁量型の課題	好きなように組み合わせる課題	資源の組み合わせが自由で，パフォーマンスが多数決で決定される場合	グループの作成パワーポイント，プレゼンテーション，グループサマリー	問題解決型学習(PBL) の課題

*　加算型の課題：各メンバーの遂行量の合計が集団としての成績になる課題。

**　補完型の課題：個々のグループのメンバーが解決策を持ち寄って完成させることができる課題。

***　結合型の課題：全員が遂行できなければ集団としての目標を達成できない課題。

**** WebQuest: 探究学習のためのトピックを提供するサイト。

リモートで学習する際に効果的に使用されているものである。

こうした分類では、「分離型」の課題[*1]も含まれるのが一般的である。しかし、それはチームの成功のためにグループのメンバーが個々別々に効果的に取り組めばよい課題なので除外することにした。生徒のコレクティブ・エフィカシーが私たちのめざすところならば、生徒に確かな課題を課すことが重要となる。

1. 適度なチャレンジと動機づけの要素があり、複数人で考え、かつ彼らが特定の問題を解決するために協力し合う熱意が求められるもの
2. 複数の解釈を検討できるように、閉じたというよりは開かれたものであること
3. 誰でも達成できる課題にするために、わかりやすい知識が提供されていること
4. 課題に含まれる技能や知識（それが何で、どうすればよいのか）が適切で明確であること
5. 誤りや間違いを学習の機会ととらえ、恥ずかしいと思わずに対処できるようにし、個人とグループが成功を収め、達成できるようにすること

アセスメントについては第9章で扱うが、生徒が協力し合おうとするとき、教師の判断が動機づけに影響を与えることは明らかである。課題の目標や課題の設計、達成規準やアセスメントを構成的に調整することは、授業の成功に不可欠であるが、特に生徒のコレクティブ・エフィカシーを高

めるために重要である。

2 チャレンジと動機づけの要因

チームの価値は、(1)やりがいのある課題に取り組むことで、生徒が学習の転移レベルの内容やスキルで求められていることを満たす方向に進んでいることを確認したり、(2)やりがいのある課題に取り組むチーム環境において、協働的な知識やスキルを身につけたりするところにある(McDowell, 2019)。課題が簡単すぎたり、考えや方略を出し合ったりする必要がなかったり、退屈すぎたりすると、生徒は協働したり、活発に取り組んだりすることができにくくなる。課題が難しすぎると、学ぶ自信を失う生徒が出てきたり、貢献する機会が少なくなったりするかもしれない。

Point! 課題は、簡単すぎず、難しすぎず、退屈すぎないほうがよい。

『*Developing Expert Learners*(エキスパート学習者の育成)』(McDowel, 2019)の中でマクダウェルは、生徒が理解を深めるために、話し合いの中で自分の考えたことにチャレンジさせることの重要性を強調している。教師は、流れを中断させることなく、学級全体でこれまでの考えをまとめ、

＊1 メンバーの一人でも課題の遂行に成功すれば集団全体として目標を達成したとみなされる課題。

教師だけでなく、他のグループからも意見を聞く時間をとるように気を配る必要がある。

機能的なチームと効果的なグループでの意思決定を確実にするために重視すべき重要な方略は、反対意見を許容し、よく練られた議論と持続的な討論を奨励することである。教師は自分の意見を内に秘める傾向があるかもしれないが［……］しかし［……］、相反する考えや論拠を提供することは、効果的な意思決定に到達するのに最も重要なステップになることが多い。思いちがいや先入観に疑問を投げかけることは、複数の視点や経験、共有学習を取り入れた、よりよい集団的解決策を導きだすために必要な方略であることが多い（p.60）。

成功が繰り返されること（習熟）は、他者の意見ではなく、実体験に基づくため、コレクティブ・エフィカシーの最も重要な源泉となる（Bandura, 1977）。ピンク（Pink, 2011）は、習熟（mastery）を「重要な事柄に対してどんどん上達しようとする欲求」と定義

表 5-2　習熟重視の環境 対 学業成績（パフォーマンス）重視の環境（Donohoo & Katz, 2019）

習熟重視環境	学業成績重視環境
学習に向かおうとする開かれた姿勢	知ろうとする姿勢
習熟目標に向かっている	学業成績の目標に向かっている
積極的な相互依存関係を特徴とする共同活動に従事するチーム	教師は孤立して仕事をする
進歩は，達成規準に基づきモニタリングされる。	他者がどの程度うまくやっているかに関連して，成績（パフォーマンス）がモニタリングされている。

している。動機づけが先にあって、その後に成功が続くというよりも、実際はその逆である可能性が高い。**成功体験があると、セルフ・エフィカシーが高まり、「また成功できるかもしれない」と思えるようになる。** Point! 成功はモチベーションの向上につながり、さらなる成功につながる。ドノフーとカッツ（Donohoo & Katz, 2019）は、生徒の習熟体験に適した環境と、生徒の学業成績（パフォーマンス）向上に適した環境の主な特徴を述べている（表5-2）。学校の授業や教師の文化は、生徒が習熟重視になりやすいか、学業成績（パフォーマンス）重視になりやすいかに直接影響する。

3 開かれた課題がもたらすコレクティブ・エンゲージメント

課題をやりがいのあるものにし、モチベーションを高め、かつ達成感を得るためには、Point! 最終的なゴールはあるが、そこに到達するための手段が明白でないもの、あるいは成功への道筋がたくさんあるもの（例：「24平方センチの面積で何種類の形を描くことができるか」）が必要になる。目標によっては、正解も不正解もないこと（例：「真の友人の資質を決める」「経営改善のために1000ドルをどう使うのがベストか」）を正当な理由とともに決めることもある。これらは、「閉じた」課題よりも「開かれた」課題と考えられている。このような課題では、全員が生産的に参加し、自分の意見が尊重され、課題をこなすことができるよう、教えられた相互依存関係のスキル（interdependence skill）が発揮される。

他方、閉じた課題は、正解が一つで、成功への道筋も通常一つ（例：「この円の面積を求めよ」）であり、グループ討議には不向きである。閉じた課題では、生徒全員が個別に問題を解いても、グループの一員として問題を解いても、最も早く正解を出した生徒だけが必然的に思考することになる。以下のコラムは、11歳の子どもたちに与えられた、正解はあるがそれを見つけるための具体的な方法がない開かれた課題の例である。多くの生徒は、掛け算の「和」を求めることを競ってはいるが、なぜその手順の規則に従うのかがわからないままである。そして、いざ実際に掛け算の問題を解いてみると、どの計算を使えばいいのかわからなくなることがある。数学では、規則性を習得するだけでなく、規則性を活用する練習が必要なことから、この教師は掛け算の解答が必要な問題を学級に提示したのである。

ペアでの主体的な取り組みの重要性と教師の介入の仕方に注目してほしい。

オンライン授業では

開かれた質問は，特にオンライン学習で有効だ。このようなタイプの質問についてグループで話し合ってもらうことで，自分の考えを共有しながら，コミュニケーションや交流のスキルを身につけることができる。たとえば，「故郷に二度と戻らないか，故郷を離れないか，どちらがよいか」という質問をすることができる。あるいは，「夕食に朝食をとるか，朝食に夕食をとるか」といった質問である。生徒がオンライン上でのやりとりに規範意識をもつようになれば，質問はより授業内容に焦点化されるようになる。

Column

数学の問題解決（9～11歳）：ペアでの取り組み

この授業のねらいは、「掛け算は足し算の繰り返しであることを理解する」ことだった。この課題は、生徒が繰り返しの足し算を理解していることを示す解答を導きだせるかどうかを確認するため、解決すべき問題として最初に授業で示された学習のねらいとは異なるものだった。生徒たちは、学習のねらいは「数学の問題を解くこと」と告げられていた。

授業の終わりには、繰り返しの足し算であることが発見され、話し合いのときに、「掛け算は繰り返しの足し算であることを知る」という学習のねらいが明かされた。唐突に数学の事実として与えられるのではなく、実際に問題で使われたのでより意味深いものになった。

課題の種類：補完型の課題（すべてのスキルを統合する課題）

課題：5円玉硬貨が大きな袋に入っているとします。あなたの机の上に、端から端まで、できるだけ多くのスペースを覆うように置くと何枚になるでしょうか。5円玉硬貨を用意するとよいでしょう

これはさまざまな方法で解決できるため、達成規準では、生徒に具体的な解決方法を伝えるのではなく、応用可能な問題解決方法に焦点化している（表5-3）。この「問題解決」の達成規準は、数学

の授業で問題解決が出てくるたびに、掲示物で示すことができる。

留意点

この問題は、掛け算が足し算の繰り返しであること(行の数の合計)を生徒がどこまでわかっているかを明らかにする自由形式の課題である。生徒たちは、しばしば、その背後にある数学の概念を十分に理解しないまま、ルーチン化されたアルゴリズムを覚えることがある。

ウィスコンシン州の小学校教諭アンジェラ・エヴァンスは、この課題に取り組む2人の11歳の生徒、ジェイクとサンディープを観察し、問題解決だけでなく相互依存関係や協同のあり方にいたるまで、一つひとつを注視した(表5-4)。

表 5-3

問題解決の達成規準	ペアでの達成規準
以下のことを忘れてはいけない。 ・答えを推測したり予想したりすること ・問題の重要語句に下線を引くこと ・どの資料が役立つかを決めること ・まず何をするか決め、何が起こるか見ること ・必要であれば方略を変えること ・別の方法で答えを確認すること(例:電卓) ・自分の答えと予測したものを比較すること	・アイコンタクトをとること ・興味深そうに話すこと ・注意散漫にならないこと ・パートナーが何を言っているのか考えること ・自分の考えを変えることができるように準備すること ・相手の話を遮ったり、重ねて話したりしないこと ・親切で丁寧な対応を心がけること ・書き言葉を使用すること(私は賛成です/私は反対です、なぜなら…)。

表 5-4

ジェイクとサンディープの行動	相互依存関係と協同
1. 2人はまず，2枚のコインを使うことを一緒に決めた。2枚のコインを使って，1枚をもう1枚にくっつけてテーブルの幅と長さに沿って，いくつ当てはまるか，テーブルの幅と長さの順に数えた。	2枚のコインで縦と横の長さを数えられることに気づき，この作戦に合意した。
2. ジェイクは答え（19枚と40枚）を書きとめ，サンディープは電卓を手にした。2人は数字を掛け合わせ，その答えを書きとめた。そしてジェイクは「40を19で割ってごらん」とサンディープに言った。彼はそれをやってみた。そして，2人は2つの数字を足してみた。	電卓が必要だということになり，2人で分担して計算した。 どちらも760が正解だとは思っていなかったので，2回目の計算をすることですんなり合意した。
3. エヴァンス先生が「今まで何をしたのか」尋ねた。「この中のどれかだっていうことはわかったけど，どれがそうなのか」と答えた。彼らはこのことについて話し合ったが行き詰まった。彼らは長い掛け算は得意だったが，掛け算は足し算の繰り返しであることを知らないということがわかった。	互いの気持ちは一致していた。彼らは教師の手助けを必要としていた。
4. 先生は，別の方法を試してみるように言った。生徒たちはまず，外周からどんどんコインを取っていく数え方を試したが，真ん中あたりでうまくいかなくなり，メートル定規を手に入れ，テーブルを測ってみることにした。	教師が介入し，答えを与えないで，別の方法を見つけるよう提案した。彼らは解決策を見いだそうと決意し，自信に満ちていた。 コインを1枚ずつ取りながら，テーブルを最大限覆うようにコインを並べていく作業は，とてもうまくいっていた。
5. 彼らは再び暗礁に乗り上げた。先生は彼らに目の前にコインがつまった袋があると想像するよう提案し，「そのコインをテーブルの上に並べるにはどうするのが一番よいか」と尋ねた。	教師の介入は，答えを与えるのではなく，元の問題について考えるよう促している。
6.「並べてみよう」と言うことで，2人の生徒はひらめいた。	わかった。
7. 一人は記録し，一人は数えながら，一緒に作業を続け，最終的に，長い掛け算の和を作らずに，正しい答えにたどり着いた。彼らは列を数える必要があることに気づいたが，標準的な掛け算の合計を出すことができなかった。その代わりに，彼らは列に，40を19回書き，760になるまで40を数え上げた。	2人は作業を分担した。ジェイクは興奮気味に40のリストを書き，サンディープは40のペアを足し算した。答えに近づいていると気づき，彼らの興奮は目に見えてわかった。
8. 先生は彼らに問題のはじめから電卓で求めた結果を振り返ってもらったが，彼らはそれが同じ答えであることに気がついた。 長い掛け算とはこういうものなんだと，いろいろな工夫をしながら，一緒に発見していった。	繰り返される列が実は長い掛け算であることについて，共同で考察していた。学習したことを自覚し，熱意と意欲をもって取り組んでいた。 この学習の重要なところは，長い数字の羅列ではなく，素早く列をつくる方法で計算することができたと気づいたことである。

内容や、対象分野の用語、主要な考え方に対し、どのタイミングで焦点を絞るか、また、これらの考え方の関連づけや問題解決、生徒が目標に向かって学習の方向性を定めることに対し、どのタイミングで焦点化するかというジレンマが常に存在する。もちろん、この選択は二者択一である必要はないが、一部の生徒は、グループに持ち込んで貢献したり、批評したり、目標に取り組んだりするのに十分な知識をもっていないために、取り残されてしまうことがあまりにも多い。

4 生徒が課題に取り組むのに十分な知識や自信、意欲をもたせる

多くの人は、第4学年の「リーディングスランプ」という言葉を耳にしたことがあるだろう。このスランプは、生徒が読んだことから理解し、把握し、もっと推測力を働かせることを求められるため、読解学習の初期での進歩が止まったように見える状態である。しかし、これは「スランプ」というよりも、私たちや他の人も示しているように（Pfost et al., 2014)、生徒がより深い課題に取り組む前に、対象分野の用語や必要な知識をすでにもっていると教師が思い込んでいることが原因である。教師がこのように仮定してしまうと、理解したり、関連づけるために使用したり、問題状況で用いるのに必要な簡単な知識すら持ち合わせていない生徒を置き去りにしかねない。生徒がグループで活動するよう求められた場合、この既有知識は重要性を増す。すべての生徒が同等の知識と理解をグループにもたらすわけではないことはほぼ間違いない。この既有知識に対処できなければ、すべての生徒がグループから何かを得られるわけではないということになってしまう。

私たちは、この学習サイクルを理解し、学習サイクルの各段階で必要な計画を立て、成功を収めるために次にどこへ向かうのが最善かを評価する際に役立つモデルを開発した。ハッティとドノヒュー（Hattie & Donoghue, 2016）は、400以上の学習方略を特定したうえで、メタ統合（1万8956の研究、1300〜2000万人の生徒から228件のメタ分析）を行ない、学習を進めるうえでどのタイミングでこれらの方略が効果的であるかを明らかにした。その結果、ある学習方略は学習サイクルのある時点では効果的であるが、同じ方略でも他の時点ではあまり効果的でない場合があることが判明した。その理由から、このばらつきを説明するためのモデルを開発した。

ハッティとドノヒューの研究は、生徒が授業に3つの主要な学習特性をもたらすことを確認した（生徒たちはまた、貧困、文化的価値、健康、親の期待など、これらの3つの学習特性に先行する要因ももたらす）。彼らはこの3つの属性を「スキル」「意志」「わくわく感」と呼んでいる。

1．スキル：現在の学力、ワーキングメモリ、文化、家庭
2．意志：レジリエンスや感情的な強さ、臨機応変さや認知能力、振り返りや方略的な認識、関連性や社会的洗練などの性質
3．わくわく感：マスターしたい、テストに合格したい、認められたい、友人の前でよく見せたい、などの動機

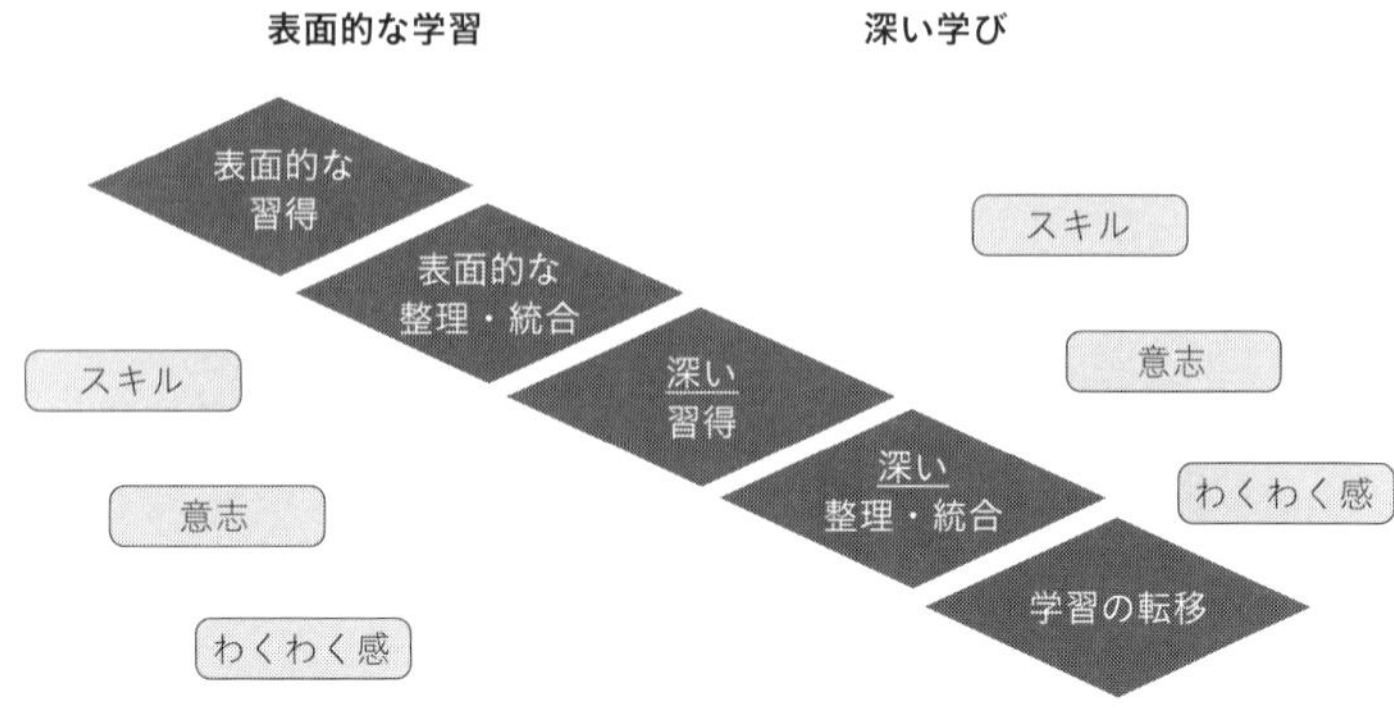

図 5-1　学習段階モデル（Hattie & Donoghue, 2016）

これら3つのインプットは、同様に、各々最も重要な学習成果でもある。

メタ統合した結果のばらつきを説明するのに、可視化された学習の方略モデルには2つの主要なモデレーターが含まれている。一つは、指導の焦点が表面的なもの（「知っている」知識、例：事実や考え）か、深いもの（「方法を知っている」理解、例：考え方の関連づけ）か、学習の転移（近くて遠い、新しい問題や状況への適用）であるかということである。もう一つは、生徒が最初に学習に触れ、表面的な知識、あるいは深い知識を習得し、これらの考えや関係を定着させる段階にあるかどうかである（図5-1参照）。一部の方略は、この指導サイクルの中で、いつ使うかによって効果が異なった。たとえば、暗記は表面的な習得の段階で用いると効果量は0・03であったが、表面的な定着の段階では0・73であった。問題解決型学習は表面的な学習で0・14、深い学びでは0・50の効果量であった。

ハッティとドノヒューは、生徒に教える価値のあるいくつかの強力な方略を特定したが、それをいつ適用するかを知る技術（自己調整の一部）は難しく、だからこそ、生徒を助けるために教師が課題の認知特性を注意深く考慮する必要があるという。学習のねらいや達成規準に加え、教師はこれらの目標を達成するために必要な知識、スキル、最適な学習方略を検討する必要がある。これらの方略は、生徒が課題に取り組んでいる間にどのように考えているかを観察したり、尋ねたり、聞いたりする（例：生徒に発言させて考えさせる）ことによって決定することができる。このような教師へのフィードバックは、成功した考え方と失敗した考え方の両方を聞く必要があるため、簡単に得られるものではないが、授業を改善し、何を繰り返し教えるべきかを知るには効果的である。

最も効果的な方略として次のことがある。最初に表面的な知識を習得するときは、概要を説明し、要約を行なう。表面的な知識を定着させるときは、意図的な練習、模擬試験、リハーサルと暗記、フィードバックや分散学習を求める。深い習得のときは、関連づけとメタ認知、明確さを求め、深い学びを定着させるときは、仲間や教師とともに自分で言語化することや、転移学習では類似点と相違点を見つけだすことなどである（表5-5参照）。

実例をあげて考えてみよう。ソニア・ルイズ教諭が担当する第6学年の学級の生徒たちに、調べたことをレポートにまとめる課題が出された。生徒たちは、人体に関して探究するのに題材を選択することができた。ルイズ教諭は、生徒たちに、人間のさまざまな仕組みに関する多数の本、ウェ

表 5-5　各学習段階における効果的な方略

学習段階	個別学習のための効果的な方略	グループ学習のための効果的な方略
表面的な習得	・既有知識との結びつけ（d=0.93） ・概要の説明（d=0.85） ・記憶術（d=0.76） ・ワーキングメモリの訓練（d=0.72） ・要約（d=0.74） ・情報の整理（d=0.60） ・アンダーラインやマーカー（d=0.44）	
表面的な整理・統合	・意図的な練習（d=0.77） ・リハーサルと暗記（d=0.77） ・フィードバックを求め受け入れること（d=0.71） ・援助を求めること（d=0.60） ・間隔をあけての練習と多人数での練習（d=0.60） ・繰り返し読むこと（d=0.75）	・ジグソー法*（d=1.20）
深い習得	・精緻化と組織化（d=0.75） ・方略のモニタリング（d=0.71） ・メタ認知方略（d=0.61） ・学習スキル（d=0.45） ・集中力・持続力・エンゲージメント（d=0.54） ・セルフ・エフィカシー（自己効力感）（d=0.71）	・感じ取られた課題の価値*（d=0.46） ・協働学習*（d=0.34） ・相互教授法（教え合い）（d=0.74）
深い整理・統合	・評価と振り返り（d=0.70） ・自身の結果について話し合うこと（d=0.70） ・自己発話と自己問答（d=0.64）	・仲間に援助を求めること*（d=0.83） ・学級での話し合い*（d=0.82） ・問題解決型授業*（d=0.68）
学習の転移	・類似点と相違点の摘出（d=1.32） ・新しい状況での法則性探し（d=1.14）	・ピア・チュータリング（d=0.51）

＊開始の段階，ただし後の段階に続く

ブサイト、ビデオ、記事、芸術作品を提供してくれた。最初の課題は、人体の仕組みに関する背景的な知識を深めるために読書をすることだった。生徒たちはメモをとり、理解度を整理することにした。ルイズ教諭は、生徒が選択した身体の仕組み(例：呼吸器系、循環器系、神経系)に基づき、グループ分けを行なった。その後、生徒たちは自分のメモやアイデアを互いに共有した。彼らは、自分のノートに書き加え、題材や質問を確認するために、互いに助けを求めた。たとえば、神経系のグループにおいて、アナリーアは仲間に「痛みに関する情報を見つけた人はいますか？」と尋ねた。彼女は、「おばあちゃんがよく痛がるので、脳が痛みについてどのように認識しているのか、勉強しようと思っています」と言った。クラスメイトの何人かは、自分のノートから情報を提供し、アナリーアも自分のノートを書き換えた。オラシオは、自分の祖母が記憶障害を抱えていると親に聞いたので、記憶障害について学んだ人がいるかどうか尋ねた。彼は、「アナリーアのおばあちゃんの話が出るまで、このことを話題にしようとは思わなかったけど、今はそれについて知りたい」と言っている。アルバートは、記憶の本がどこかにあったのを見た覚えがあると言い、それを取りに行くためにグループを抜け出した。戻ってきた彼は、「ほら、これだ。もしかしたら、これが役に立つかもしれないよ。あるサイトでバランスについて読んだんだけど、もっと知りたいんだ。中には本当にバランスがいい人もいるけど、私は違う。それについて何か見つけたことがありますか？」と言った。グループは、題材リストを作成し、互いに考える材料を共有することを続けている。彼らは、グループ内の他の人が使えるような情報を探しておくことを約束する。

課題の一環として、生徒はレポートの概要を作成する。書く前には発言して自分の考えを教師と共有することが求められている。ルイズ教諭は次のように述べた。「調べるテーマが決まり始めた頃に、向かい合って彼らの考えを聞くのが好きです。生徒たちには、自分たちはグループの一員であり、自分たちが選んだ人体の仕組みについて学んだことを互いに教え合う必要があることを理解してほしい。実際、定期的にシェア・セッションを行ない、グループのメンバーと考えを共有したり、互いに質問し合ったりしています。自身の考えを意識することで、書いているテーマについてだけでなく、自身の考え方や問題解決の方法について書くようになるのです」。

ルイズ教諭の学級の生徒たちは、課題をこなしながら、自分自身や仲間に、内容から方略にいたるまで、さまざまな質問を投げかけている。情報や発見したことを互いに共有しながら、多くの話し合いを行なう。生徒たちは調査プロジェクトの一環として、学習したことを仲間たちがをどのように文章で共有しているか、その共通点や相違点に注目している。たとえば、オラシオは「あなたたち2人は、レポートの中で質問から始めていますね。でも、あなた（アナリーア）は個人的な話で始めて、あなた（トニー）は確固とした事実で始めています。どうやって始めればいいのか、まだ考えているところです。でも、読者にもっと知りたいと思わせるようなおもしろいものばかりです」と述べた。

生徒たちは、時間をかけて探究した人体の仕組みについて理解したことをより大きなグループと共有する。ほとんどの活動は学級外で行なわれたが、彼女は授業中に仲間たちと交流する時間を設けた。ルイズ教諭は、探究レポートをそれぞれが作成した最後に、ジグソー法を用いて、生徒が互いに学び合い、内容だけでなく、書き方も学ぶ機会をもつようにしている。彼女は、「内容よりも、もっと大事なことです。どんなことにも応用できるような、確かな調べるスキルを身につけさせようと努力しています。私が取り組んでいるのは、考え方です」と述べた。

このモデルが含む重要な意味は、私たちの計画や学習設計には、正しく行なう必要があるいくつかの鍵となる段階があるということである。すべての生徒が最適な方略を適用できると思ってはいけないし、多様な方略が異なる段階においても最適であるなどとみなしてもいけない。もう一つの示唆は、生徒が集団で活動するのに最適なタイミングがあることである。多くの場合、表面的な内容知を習得・定着させたあとが、集団活動の最適なタイミングになる。問題解決型学習や類似する多くの深い教授法は、内容に焦点化されている場合には効果がかなり低く（$d=0.15$）、生徒が問題に取り組むのに十分な内容知をもっていると確かめられたあとは効果がかなり高くなる（$d=0.50$）。確かに問題解決型学習も内容に沿って実施することはできるが、意図的に教えることに関連づける方法など、もっと効果的な方法はたくさんある。学級での話し合いや、生徒の発言を通して考えること、ソクラテスの問答法*2などは、生徒がこれらの深い課題に取り組むだけの知識をもっていることがある程度確認できたあとに、グループや学級で導入するとよい。

*2 詳しくは第3章103頁「パイデイア法」のコラムを参照。

5　知識とスキルについての明確化：何を知り、どのようにして知るか

学習のねらいについては、包括的で長期的な学習のねらいから授業の具体的なものまでを明確にする必要がある。1776年7月4日の出来事（知識やそのことを知ること）について新聞記事を書くこと（技能もしくはやり方を知ること）を学習する授業があるとしよう。これらは、次のような2つの別々の学習のねらいとして与えられることになる。

「私たちは、新聞記事の書き方を学んでいる」

「私たちは、独立記念日の出来事について学んでいる」

達成規準は、知識獲得に成功するには何を**含める**必要があるか（見出し、小見出し、最初の段落での要約など）を想起させることにも**焦点を当てる**と、生徒にとって最も助けになる（例：独立記念日についての次のことを考慮することも忘れないでください）。もし学習のねらいが、生徒がよく練習したかたち（例：説明すること）で知識を示

オンライン授業では

オンライン学習では，学ぶ内容を明確にすることが重要だ。同期型授業でも非同期型授業でも，生徒は「どのように学ぶか」という知識と「何を学ぶか」という知識の両方を知る必要がある。これがないと，学校の職務は，一連の課題をチェックするだけのものになってしまう。そんなコンプライアンスでは，学習がうまくいかない。

すことを求めている場合、特に中学生の場合、学習のねらいは知識内容について話し(例：説明する)、スキルを獲得することになる。知識のみの学習のねらいの例としては、次のようなものが考えられる。

「プラスチックが環境に与える影響を説明するために学んでいる」

⑥ コネクションファクター

生徒の力を結集するのにふさわしい課題は、間違いを当たり前のこととし、互いの見解や意見を尊重し合える安心感をもてる文化があるかどうかにかかっている。もし間違いを恥と感じる文化であれば、生徒たちはリスクを冒したり、自分の考えの過ちをさらけ出したりすることはない。私たちは皆、異なる長所、性格、スキルをもち、互いに学び合っていることを強調することが教師の役割である。Point! 相互依存関係は、教師への信頼と互いへの信頼から始まるのである。

コレクティブ・エフィカシーは、課題の相互依存関係についての認識や、割り当てられた課題に基づいて生徒がどれだけ結びつきを強めているかに左右される。**課題の相互依存関係が大きければ大きいほど、コレクティブ・エフィカシーは大きくなり**、パフォーマンスは最大になる。生徒の課題には、ほとんど相互依存関係を必要としないものもあれば、高度なものを必要とするものもある

(表5-6参照)。コレクティブ・エフィカシーとチーム・パフォーマンスの関係は，チームメンバー間の肯定的相互依存関係が強いときに最大化される。ガリーら(Gully et al., 2002)は，「課題や状況が，メンバー間の調整やコミュニケーション，協同を促すようなものであるとき，チーム・エフィカシーは相互依存関係が低い場合よりもパフォーマンスと強く関連する」(p.827)と指摘している。

カッツ・ナヴォンとエレス(Katz-Navon & Erez, 2005)は，コレクティブ・エフィカシーによりグループのパフォーマンスが高まると見込まれるのは，相互依存性の高い課題であり，なおかつグループメンバーがやりとりをし，取り組み方を調整する必要がある場合に限られることを示した。他方，生徒が自分自身の達成能力についてどのように感じているか，すなわちセルフ・エフィカシーは，相互依存度が低い課題であれば，成功したパフォーマンスを説

表 5-6　課題例：低い相互依存関係 対 高い相互依存関係

低い相互依存関係	高い相互依存関係
植物がどのように繁殖するかについて，各自が1つの例を描き，グループでポスターを作成したら，大きなボードに貼り付ける。 ＊このポスターは，最終的には見映えがよいかもしれないが，相互依存関係をほとんど必要としない。これは，生徒が別々に作業するため，見せかけの「グループ」課題になっている。この課題のアイデアはよいかもしれないが，相互依存関係を求めるのであれば，これではいけない。	動物が動物園で飼育されることは正しいかどうかをみんなで話し合い，賛成と反対の意見を発表しよう。みなさんの役割は，記録係（意見を記録し，まとめる），質問係（質問を投げかけ，意見を引き出す），報告係（記録した内容から，グループの意見や結論を報告する），マネージャー係（全員が発言し，自分の意見を述べるようにする。例：「ミア，あなたはどう思う？」というように）。 ＊生徒にはそれぞれ役割があるが，その成功はグループのメンバー間の相互依存関係にかかっている。

明するのに有意義な構成要素であることが明らかになった。相互依存の達成基準については，第6章で説明する。

ペアワークやグループワークのポイントは，生徒が積極的に考え，グループの成功に向けて努力するように，生徒同士が話し合い，アイデアを説明し合うようにすることである。相互依存関係はコレクティブ・エフィカシーを発揮するのに不可欠であるため，学び合いや助け合い（相互依存関係）を必要とする課題にすべきであり，生徒が自分一人で作業するほうが簡単で効率的だと考えたり，すべての作業を他の人に任せたりするようなことがあってはならない[a]。

[a]「生徒が前向きな相互依存を経験できるようにするために，教師は，子どもたちが内容を学習し，すべてのグループメンバーが割り当てられた課題を確実に成功させる責任を負う，協同的な学習状況を構築する必要がある」（Costa & Kallick, 2009, p.63）。

オンライン授業では

ジグソー法はオンライン学習にも効果的である。ほとんどのプラットフォームでは，教師が生徒をブレイクアウトルームでグループ分けしたり，再グループ化したりすることができる。移動を容易にするため，教師は通常，振り分け機能を使用して，各生徒を分ける（例：A1，A2，A3，A4，B1～B4，C1～C4，D1～D4…）。朗読のパートが4つある場合，5，6，7，8という番号でAからD，EからHのグループができる（つまり，2つのグループがテキストの最初の部分を読んでいる）。同じ記号の人が全員集まったエキスパートグループでは，各グループはテキストの各セクションについて話し合う。次に1番，2番，5番といったように，同じ番号のグループに移動する。その後，もとのグループ（As，Bs，Dsなど）に戻り，自分たちのパートがテキスト全体とどのように合わせられるのかを話し合う。

相互依存関係がなければ機能しない課題は、ジグソー法（課題の特性は「加算型」と「補完型」）である。ジグソー法（d＝1.20）は、課題に取り組む際の相互依存関係の重要性を意識させるため、グループに対する生徒のコレクティブ・エフィカシーを促進する最も強力な教授法の一つである（Darnon et al., 2012）。ジグソー法では、他者と一緒に補完的な教材に取り組むことで、社会的比較（social comparison）をする理由がなくなり、知識の共有に焦点が当てられることから学習効果が高まる（Butera et al., 2011）。最終的な成果物を完成させ、課題を完全に理解するためには、ジグソーパズルのように、それぞれのピース――それぞれの生徒のパート――が不可欠である。各生徒のパートが不可欠であるなら、各生徒も不可欠であり、それこそがこの方略を効果的にしているのである（Fisher et al., 2000）。ジグソー法は、クラス全員が前のグループの知識や発見を他のグループと共有する必要があるため、全員が学習する必要がある知識に適している。これは、生徒が知識や対象分野の用語、主要な考え方を確実に理解したうえで、その考え方をより深く結びつけ、新しい問題や課題に知識を活用できるようにするもので、一般的な教授法ではめずらしいものである。

Column

ジグソー法の実例

古代エジプト人の偉業と信仰に基づいた読み物を5つ（建物、ファラオ、埋葬、家、神々）用意する、という課題を考えてみよう。

生徒がすべてのステップの全体像を知ることで、方略の目的を理解し、次に何をするのかを知りながら各ステップに全力で取り組むことができるようにする。

1．3～5人程度でテーブルに着く。各テーブルで誰がA、B、C、D、Eであるかを取り決める。

2．各テーブルのAさんは、ある要素（例：建物）について読み、メモをし、Bさんはファラオについて、Cさんは埋葬について、Dさんは家について、Eさんは神について、同じことをする。全員の持ち時間は約12分程度で、わからないこと、もっと知りたいこと、文章中の大事な事柄を確認するように指示される。

3．その後、As全員が集まり、同様にBs、Cs、Ds、Esが各担当の読み物の趣旨について話し合う（約15分～20分）。ここで重要なのは、生徒の学力レベルに関係なく、すべての生徒がそれぞれの読み物に書かれている内容や考えについて教え合い、学び合うことができる点である。何が理にかなっていて、何がそうでないかを話し合い（こうして互いに学び合う）、主要な考えをまとめる。このまとめは、各自が所属するホームグループに報告しなければならないことを知っておく必要がある。

4．その後、生徒はもとのホームグループに戻り、発見したり理解したりした主なものを順番に他のグループのメンバーに報告する。これで、各グループに5組の考え方が伝えられ、理解することができる。このステップの主な目的は、どう転ぶかわからない5つの主要な考えがつながっていることの確認である。

5．たとえば、古代エジプト人の偉大さや偉業、信仰などの全体像の中で、個々の部分がどのように位置づけられるかを話し合うなど、関係性のある課題が与えられる。通常、レポートやポスターなど、自分たちの知識を活用する課題が設定される。

6．各グループが主要な考えを共有し、クラス全体で話し合いを行ない、上記の5つの実践の根底にあるメインテーマを全員が理解していることを確認する。

ジグソー法のストラクチャーには相互依存関係が織り込まれており、社会的手抜き*3をする可能性は非常に低くなる。この方略によって、仲間に対して責任をもち、仲間が重要であることが、強力な推進力と動機づけになる。それぞれのステップで、生徒たちは自身のホームグループの成功が各自の努力にかかっていることを認識するよう、方略全体の仕組みをあらかじめ知っておくことが重要である。ステップ3の専門家グループとして集まったとき、生徒たちは、グループの中でより知識の豊富なメンバーが答えを出すのを許さず、不明確な情報を指摘してくれる生徒の言葉に積極的に注目するようになる。なぜなら、それが自身のホームグループに戻ったときに有利に働くからである。個人の力がグループ全体を強化し、そのことで歓迎される。生徒がすでによく知っている話題や、生徒が受け入れやすいテーマで試しに授業をしてみるのも、この方略の有効性を示すよい方法かもしれない。ジグソー法が効果的なのは、グループの成功につながるからである。グループの成功により、一人ひとりが価値ある貢献をし、具体的な学びを得たと感じることができ、生徒のコレクティブ・エフィカシーを高めることができる。

Column

個人ワークとグループワークに関する教師の考察と相互依存関係の達成規準の有無について：バンコクのパタナ校

数か月の間、バンコクのパタナ小学校の教師たちは、生徒に相互依存関係にかかわる達成規準を与えたり与えなかったり、活動を協力し合いながら、または個別に行なわせながら、生徒たちにグループ課題を試し、観察した。彼らの考察は、相互依存関係の必要性、グループのサイズ、グループの力といった重要な問題を浮き彫りにした。

＊3　社会的怠惰とも訳され、チームの人数が多いと、誰かがやってくれると思って手抜きをしてしまうこと。

第1学年の教師たち（5、6歳児）

●単独で活動している生徒とグループ課題に取り組んでいる個々の生徒の比較について

・「協働グループで学習している子どもたちは、ほとんどの場合、学習中にある程度、学習に参加することができていた。単独で学習している子どもたちは、学習に参加することが難しく、どのように学習を始めたらよいのかわからず、学習を最後までやり遂げることはできなかった。このことから、協働学習は、子どもたちが学習に参加し、行き詰まりを解消するのに役立つことが示唆された」

・「3人組のグループには、それぞれ強力で前向きなリーダーがいたようである。このことは、グループ全体の効果や参加意欲にプラスの影響を与えた。これまで協働学習に消極的で苦手意識をもっていた子どもたちが、自分のグループの意見に耳を傾け、積極的に参加するようになった。このことは、グループの個性とグループスキルのトレーニングの重要性を示唆している」

・「グループで学習する子どもたちに比べ、単独で学習する子どもたちは、非常に成功するか、まったく成功しないかのどちらかだった。これは、協働することで、子どもたちは互いに集中力を維持し、学習をうまくやり遂げることができるという、私たちの独自の理論を裏づけている」

第2学年の教師たち（6・7歳児）

・「グループで学習している子どもたちは、気が散った状態から何とか自分を立て直して課題に取り組んだのに対し、単独で学習している子どもたちは、課題が終わる前にあきらめてしまい、行行き詰まってしまった。これは、協働によって、子どもたちが課題に再び取り組み、互いに責任を持ち続けることができたことを示唆しているのではないか」

●相互依存関係にかかわる達成規準の有無にかかわらず、グループを観察する中で明らかになったこと

・「達成規準のないグループの子どもたちの大半は、活動に何らかの役割を果たし、ある程度参加していた。当初、学習課題に積極的に取り組んでいたのはグループの半数程度で、他の子どもたちは資料のみに取り組んでいた。しかし、時間が経つにつれて、参加していない生徒たちは、グループの他の生徒が一緒に学習し、成功を体験するのを見ること（代理体験）で、課題に参加することにつながった」

・「相互依存関係の達成規準をもつ子どもたちは、そのうちのいくつか（話を聞く、他者を取り込もうとする）を適用した痕跡を見せた。このことは、達成規準によって、効果的な協働スキルについて考えることができたことを示唆している」

・「相互依存関係にかかわる達成規準を設けたグループでも、必ずしもその達成規準を守っているわけではないが、思い出させると協働的な行動の兆しを見せはじめた。このことは、達成規準が彼らの助けになったが、その学習習慣を定着させるためにはさらなる体験と指導が必要であることを示唆している」

・「学習が終わらなかったり、グループに十分参加できなかったりしたときにも、「成功した」と振り返る子どもが多かった。次のステップでは、「成功する」とはどういうことなのかを明らかにする」

●後日、約5か月後に

・「子どもたちの協働スキルは大幅に向上した。これは、子どもたちが落ち着き、互いをよくわかるようになったこともあるが、グループの人数が少なくなり（6人ではなく3～4人）、よりやりやすかったことも理由の一つである」

・「4人組より3人組のほうが効果的だったようだ」

第3・4学年（7～9歳児）の教師たち

第1学年の教師たちと同じ結論に達した。

第6学年（10～11歳児）の教師たち

・「学級全体として、グループで活動するほうがセルフ・エフィカシーは高くなる」

・「課題の独立したパートでアイデアを出すのに苦労している子どももいた。そのため、活動の最初に他の子どもたちからアイデアを得るために協働する必要がある子どももいるかもしれない」

・「6人グループよりも小グループのほうが、交渉すべき意見が少なく、協同性が高いようである」

この1校の調査から、生徒が他者から援助を受けるということは、1人で活動するよりもより多くの支援を受けることになり、成果をあげる可能性が高いことがわかったという。6人という扱いにくい人数のグループよりも、３人という少人数で協力し合って課題に取り組んだほうが、成功への意欲が高まるようであった。また、生徒には相互依存関係のスキルを明示的に教える必要があることも指摘された。

Chapter

学習のねらいとコレクティブ・エフィカシーの達成規準

教育における「学習のねらい（learning intentions）」を基礎づけているのは何かということについては長らく議論がなされてきた。実際、「教育」という言葉の語源は「導くこと」であり、そこからは「どこへ導くのか」という問いが生まれてくる。そしておそらくより重要なのは、この「どこへ」が「どこか価値あるところである」という点だろう。19世紀にあっては、ほとんどこの目的地として一般的で高次の（記憶・理解・応用・分析・評価・創造といった）目標が、ほぼ成り行きでめざされていた。そして、カリキュラム目標、授業内容とその評価（アセスメント）の間がずれていることも多かったのである。

こうしたずれがあったために、ブルーム（Bloom, 1956）、ガニエ（Gagné, 1968）、ビッグスとコリス（Biggs & Collis, 1982）、ウェッブ（Webb, 2002）などによって、多くの人たちがめざすような目標に焦点を当てた、教育目標分類学（タキソノミー）が開発されてきた。一般の読者に馴染み深いのはブルーム（１９５６）だろうが、その目標分類学をブルームたちが２００１年に大幅に見直している（Anderson & Bloom, 2001）ことについては、あまり知られていないかもしれない。彼らはそこで、認知的複雑性に関連した新たな次元をつけ加えている。私たちの観点からすると、これはきわめて重大な改訂であり、実際のところ、認知的複雑性がつけ加えられたことはよく知られてはいるものの、いわば無作為に選ばれた6分類（記憶、理解、応用、分析、評価、創造）よりもはるかに重要だろう。認知過程の次元に含まれた知識のタイプは、次のとおりである。

事実的知識

・言葉・用語についての知識
・具体的な詳細、要素についての知識

概念的知識

・分類やカテゴリーについての知識
・原理や一般法則についての知識
・理論、モデル、仕組みについての知識

手続き的知識

・主題にかかわるスキルやアルゴリズムの知識
・主題にかかわる技術や方法の知識
・適切な手続きをいつ用いるかを決める基準についての知識

メタ認知的知識

・方略に関する知識

・文脈や条件に規定された適切な知識を含む、認知課題についての知識

こうした知識レベルのそれぞれは、学習のねらいと達成規準、そのアセスメントを開発する際の手引きとして利用できるだろう。

「形成的アセスメント (formative assessment)」という用語は、多くの教育者の関心をテストや試験に向けさせてしまうことから、安易に使わないほうがいい。むしろ、教師や生徒にとって、今自分たちがどこにいるのか、どこにいなければならないか、ここから目標へと成功裏に到達するための実証的な情報源や、その重要な「解釈」へと導いてくれるような用語として「形成的評価 (formative evaluation)」を使うべきだろう。形成的評価とは、「教師や生徒が取り組んでいるあらゆる活動について、学習指導や学習活動を改善するために行なうもの」である (Black & Wiliam, 1998, p. 8)。それは、学習者自身が今どこにいるのか、どこにいなければならないか、そこへ到達するためにはどうしたらいいのかについて知ることができるよう、彼らとともに連携することを意味している。それはねらいが何なのか、成功とはどういうものか、学ぶとはどういうことかを明らかにすることによって、学習のねらいの概念、達成規準、学習者の出発点とあるべき地点との隔たり (ギャップ) を埋めるための、臨機応変な指導をもたらしてくれるのである。

1 学習のねらい

課題や活動によってどういった学びが求められるかという学習のねらいを生徒と共有することは、今日の実践で広く行なわれている。生徒が学習のねらいを理解するとともに、はっきりとそれを自覚することは、教師と一致した学習のねらいをもつために本質的に重要である（Sadler, 1989）。しかしながら、Point! 学習のねらいをよりよく記述することは、学習計画立案に際して生徒が「すべきこと」と、それによって生徒が「学ぶであろうこと」との明確な区別が求められることから、困難を極める。

サドラー（Sadler, 1989）は、前もって生徒に達成規準を伝えておくことの重要性を力説した。彼は成功の質が何によって担保されるのかを生徒が知っている必要があると主張するとともに、それは最終地点に到達した実践例、文章によるその説明、教師の質的コメントが付されたルーブリック評価によってなしとげることができる、と述べている。

こうした手段目標分析がなければ、生徒は、追従することが学校での学習だと考えてしまうだろう。あまたの学校で生徒たちは、課題に取り組み、時間どおりにきちんと仕上げて提出することが学習だ、とみなしている。彼らのそうした学習やそのあり方についての理解ないし誤解は、教師の思いとかけ離れたものとなっていく。小学校を修了する時点で、60％近くの生徒は課題への取り組みを楽しいとは感じてないと教師がみなしていることは、驚くには値しない。学習への関与の度合いを、生徒がなしたこと（それがうまくなされたかどうかにかかわらず）によって決めるべきではない。なぜなら、なしたことが学びになっていないケースが多いからである。

学習のねらいや達成規準について参考となる資料は、数多くある（たとえば、Clarke, 2021; Fisher et al., 2018）。ここで主張されているのは、**Point!** 学習のねらいと達成規準は個人とグループの両方のレベルで必要だ、ということである。グループ学習が首尾よく進むためには、集団の目標達成を援助するような何らかの手立てを必要とする（Panitz, 1999）。コレクティブ・エフィカシーは、わけもなく出現してくるようなものではない。そうではなく、それが実現するように教師が仕組むことが必要なのである。しかしながら、コレクティブ・エフィカシーはまた、達成規準や仲間と協力し合いながら活動するためのルールに慣れたり、成功を経験したり、互いの学びや努力を共有することを楽しんだりするような初期の段階を通して育まれることもあり、それに伴って信頼や熟達が高まる。生徒がグループとして取り組むためのねらいと成功の規準は、明確で、課題や指導、アセスメントに適合したものでなければならない。

達成規準を伴った明解な学修目標（academic goal）と社会的目標は、適切な学習課題と相まって、生徒が特定の目標を達成することを助けるのみならず、再び協同的に活動することを望むといったように、コレクティブ・エフィカシーを強固なものにしていく。集団での成功は、その一人ひとりに再度役立つ貢献ができることを確信させてくれる。これこそ、自らの能力をより信じ、それがグループの中でも一人でも、課題に取り組む力がついてくるという、成功の熟達効果なのである。

効果的なグループワークのために必要とされる規準が2つある，とスレイヴン（Slavin, 2010）は主張する。すなわち，グループの目標の共有と個々のメンバーの役割責任である。グループの目標が共有されていないと，目標が不明確となり，グループは舵のきかない船のように漂流してしまう。また，個々の役割責任が明確になっていないと，社会的手抜き（Ringelmann, 1913）やただ乗りが横行することになる。明確な学習目標（例：「……の仕方を見つけだす」といった）は成果目標（「A評定をとるようめざす」）よりも，動機づけを高めるとともに，より高い達成につながる，とロックとレイサム（Locke & Latham, 2006）は述べている。彼らはまた，目標への動機づけが高いほど，それが達成可能であるかぎり，より挑戦的な取り組みになることを見いだしている。これは重要なポイントである。達成を求められている活動に生徒が取り組もうとするためには，学習のねらいが挑戦に値するものでなくてはならない。これまで

オンライン授業では

学習のねらいと達成規準の明確化がオンライン学習においても重要だということは，十分に強調されているとは言いがたい。私たちは，生徒たちが授業の開始時に何を学ぶかを知っている必要があると言っているのではなく，どの時点においても知っている必要があると述べているのだ。このことは同期型学習でも非同期型学習でも，いずれにも当てはまる。動画や中継による参加型の授業，そして実習であっても，めざす学習のねらいとまっすぐに結びつけられるべきであり，そうすることにより生徒が達成の姿を理解する助けになる。

の章で課題に関連したゴルディロックスの原理*1について言及したが、それは学習のねらいについても同様である。つまり、難しすぎず、易しすぎず、退屈なものではないことが必要なのだ。

(1)適切な課題とリンクした教科内容にかかわる学習のねらいと達成規準、そして、(2)個人で取り組むよりも効果的で、コレクティブ・エフィカシーに必要な個々人のスキルを生む、協働と相互依存関係に欠くことのできない社会的相互作用のための達成規準、が必要なことは明らかである。

次のコラムの事例は、これら2つがともに機能し合っている様子を示している。

Column

技術科の授業例（10〜11歳）：3、4人のグループでの取り組み

教科内容の学習のねらいと達成規準

学習のねらい①：計画を立案し構想する自分の知識を新しい課題に活用することを学ぶ

学習のねらい②：橋の種類の違い、その目的、工法（知識）について学ぶ

課題：教室にある材料を使って、自立する橋を設計・制作する

●**学んだ設計と技術的な知識を応用するための達成規準**（応用可能なスキル）

次のことを忘れずに：

・自分の知識を一緒に再検討する
・明確な表示と寸法を用いて橋をデザインする
・適切な材料や道具を選択する
・設計を検証し、首尾よくいったところと改善の必要なところを判断する
・共同での設計をやり直したり改良を試みて、再度検証する

「橋」に関する知識

グループで次の点について考えましょう

・橋の種類：ビーム橋、アーチ橋、トラス橋、カンチレバー吊橋、斜張橋
・スコットランドにあるフォース湾の３つの橋の設計が異なっている理由
・建物や橋の強度を強める形状
・安定性と固定方法

社会的な学習のねらいと相互依存関係のための達成規準

学習のねらい：私たちは、成功と改善すべき領域を協働的に判断する方法を学ぶ。

＊１　０３７頁＊２を参照。

・他者の邪魔にならないように、人の話を注意深く聴く
・仲間のアイデアや意見を尊重していることを表明する
・自分が言われたことについてよく考える
・質問したり、質問に答えたりする
・誰もが共有の機会をもっていることを確認する
・コンセンサスが得られるよう取り組むとともに、同意できていない点について確認する
・公正な意思決定をくだす

2 学習のねらいと達成規準

目標を明瞭化することは不可欠で、したがって明白な学習のねらいは協働的な活動を含むあらゆる学習の前提条件であるといえる。学習のねらいは、単元が長期間にわたる場合（たとえば「回路内の電子の流れ」）や、1・2時限だけの短期間の場合（「オームの法則」あるいは「閉回路」）があるだろう。また、それらは知識のかたち（ベトナム戦争の発端について知る）でも、応用可能なスキルのかたち（主張を裏づける情報源を突き止める）でも記述することができる。知識は表面的な段階からスタートする傾向がある。その後、その知識が類似の知識あるいは対照的な知識と比較

検討され、理解が深まっていく。応用可能なスキルを使って、知識を異なる文脈へと適用するとき、学習は転移の段階、自己調整の段階に進む。スキルや知識はしばしば一緒に活用される（ベトナム戦争の最も重要な原因についての主張を支持する証拠とともに、論争を呼ぶエッセイを書き上げる）ことから、知識を使う際には新聞記事を書くような一般的スキルが用いられる。しばしばスキルが好まれて知識が過小評価されるが、両者は次のように対等の立場にある。

・学習のねらい（スキル）：自分の意見を正式な書面のかたちで表現することを学ぶ。
・学習のねらい（知識）：プラスチックが環境に及ぼす影響について学ぶ
・文脈：学校の食堂におけるプラスチック包装の利用について

「知識」は表6-1の右列だが、要素に分けられたこれらの知識は、活動を示唆する単純なリストであり、多くの教師はそのまま

表 6-1　応用可能なスキルと授業限定の知識

スキル：自分の意見を正式な書面のかたちで表現することを学ぶ（応用可能なスキル）	知識：食物包装におけるプラスチック使用について学ぶ（この授業限定）
次の事項を忘れずに備えること： ・文書を書く際の正しい形式（宛先，挨拶文，結び，など） ・正式な書き出しの文章（例：「～いたしたくメールさせていただきました」） ・はっきり述べられた意見 ・述べた意見の理由 ・必要な場合，他の意見への賛同	次の事項を忘れずに備えること： 1. 環境に及ぼすプラスチックの影響についての証拠（例：リサイクル問題，化石燃料の使用，野生生物，汚染） 2. 学校の食堂における不要な包装の例 3. 生物分解性代替物

生徒に伝えるか、知識オーガナイザー（鍵となる事実、人々、出来事などを記した資料）のような、この話題にとっての要となる事実を含んだ情報資料とともに生徒に提示する。ここでのポイントは、何らかのかたちで用いられているスキルと知識の両方に等しく焦点を当てるということである。

生徒は、学習のねらいに加えて、何かを学ぶということが何を意味するのかを知る必要がある。達成規準（効果量0・88）は生徒たちに学びの目的地のイメージを与え、学習のねらいの達成の仕方について理解するのを助けてくれる。時には、達成規準は、必要とされる途中の段階や構成要素に焦点を当ててくれる。そしてまたある時には、最終成果にも焦点を当てるだろう。文法（例：規則動詞・不規則動詞の使い方）や句読点（例：登場人物が話している部分を読者に知らせる）、多くの数学的な手順などのようなスキルは、必須の要素（法則）を有しているが、一方、その他のスキル（登場人物の展開を解説するなど）はそこに含まれうる内容のリスト、もしくは道具立てのようなものである。表6-2のような例だ。

表6-2　法則的スキルと道具的スキル

法則的スキル（必須の構成要素）	道具的スキル （ありうる可能性のリスト）
学習のねらい：比率を％に変換する	学習のねらい：物語の出だしを書く
次のことを忘れずに： ・x：y の比率を確認する（たとえば，8：25） ・比率を x/y のような分数に変換する（たとえば，8/25） ・分数に 100 を掛け合わせる（たとえば，8/25 × 100 = 32） ・％記号をつける（たとえば，32％）	以下のすべて，あるいはいくつかを選択する： ・設定：せりふ，描写，冒頭部分の締め ・読者を引き込む：語るのではなく見せる；何が起こるのか，起こったのかを暗示する ・感覚を呼び起こす ・読者に力強いイメージを喚起する

本章で前述したように、達成規準は、終着点の事例、説明文、教師の質的コメントによるルーブリックが含まれる、とサドラー（Sadler, 1989）が示唆していることを思い起こしてほしい。達成規準を伝える方法は数多くある。簡単に言えば、生徒が達成規準を理解したら、学習のねらいをよりよく達成することができるようになる、ということである。参照可能なさまざまな方法にはどんなものがあるだろう。学習のねらいとして「登場人物の発達がプロットにどのように影響を与えたかについて学ぶ」場合、表6-3に示すような、課題のタイプによって異なる達成規準を表わす方法について考えてみよう。この事例は、ジェイン・オースチン（Austen, J.）の『*Pride and Prejudice*（高慢と偏見）』[*2]に焦点を当てた授業から借りたものである。

これまで私たちは、個人に焦点を当てて、生徒にとって重要な教科内容にかかわる学習のねらいと達成規準について述べてきた。しかしながら、集団としての実りあるコレクティブ・エフィカシーのためには、達成規準を拡張しなければならないだろう。集団による

＊2 大島一彦（訳）『高慢と偏見』中公文庫、2017年

オンライン授業では

仮想的なクラスにおいて教師が生み出した役割の一つは，達成を促す「奮起係」である。その係になった生徒は，話し合いの際に定期的に達成規準を周知し，仲間たちが成功した暁の姿を描けるようにしていた。それに加えて奮起係は，クラスが成功を遂げたときに，成功を祝福する音頭をとった。

表 6-3　課題タイプによる達成規準の例

	「〜できる」型の説明文	法則	道具
課題	ダーシー氏がエリザベスに宛てた手紙の衝撃について分析し，一節にまとめたり，ビデオに記録したりする	作者オースチンは，エリザベスやダーシーに対するミス・ビングリー，コリンズ氏，キャサリン夫人のような脇役陣の役どころをどのように考えたか，について示す	「もしダーシー氏がエリザベスに心を明かす手紙を出さなかったとしたら，あるいはその手紙が届かなかったとしたら」という疑問に答えるかたちで，『高慢と偏見』の異なる結末を考えて書く
達成規準	・自分の考えたことを論文に要約することができる ・自分の論旨を根拠づける証拠をテキストから探し出すことができる ・自分の論旨に焦点を当てた筋の通った一節を構成することができる	次のことを忘れずにつけ加える： ・力強い導入部 ・作品に対する自分の立場を明確にした論旨 ・各節の発言，語調，論点が一貫性を保っている・自分の主張を裏づけるテキストの事例 ・自分の考えを要約して再び論旨につなげた最終節	次の点について考える： ・ダーシーの性格 ・エリザベスの言葉が彼の行動に与えた影響 ・ダーシーの人生におけるプライド，栄誉，偏見の影響 ・その時代の社会状況 ・周囲の人たちがダーシーに及ぼした影響
達成規準の目的	生徒たちが自らの達成について前向きに受け止めることができるよう，成し遂げたことを肯定的に要約して表わす	達成のために必要なあらゆる特徴・スキルをチェックするための正確なリストを生徒がもっていることを担保する	達成が多様なかたちを取り得るとき，生徒が選ぶことのできる選択肢を提供する

達成規準は、生徒たちが協力し合って活動し、そうした経験から意味を見いだすことに価値を置くよう促してくれる。すでに述べたように、コレクティブ・エフィカシーは「私」と「私たち」という両方の立場を必要とする。そのため、教師には成功について個人と集団の両方のレベルで定義することが求められる。

3 効果的な相互依存関係のための達成規準：コレクティブ・エフィカシーへとつなぐ

ナットホール（Nuthall, 2007）は、クラスの子どもたちの会話を経時的に記録し、分析したことでよく知られている。子どもたちが協力し合うように求められているとき、私たちは彼らがはっきりと共有された達成規準を「もっていない」ことの影響について知る。以下の事例は、彼の著書『*The Hidden Lives of Learners*（知られざる学習者の生活）』のトゥイという子に焦点を当てた場面である。

グループの課題：地図を北東風、南東風、南西風、北西風とラベルをつけた4つの地域に分割し、それぞれの風の種類に関連した天候の特徴について記述する

トゥイ：僕はラスタ・カラー*3に塗ろうと思うけど、いい？　彼らの（隣のグループの地図）を見てごらん、素敵だから。僕たちのよりもいい感じだけど、負けたくなんかない。

トニー：色を塗るのは心配しないで。

トゥイ：特徴を書き込まなかったら、僕ら、終わらないよ。

＊3　レゲエ調の赤・黄・緑の配色。

トニー：ＯＫ。そうしたら、それをやろう。
トゥイ：僕は何も書いてないよ。
トニー：僕が書くよ。
トゥイ：だめ、君が書いちゃだめだよ。
［トゥイはグループのために参考書籍を探しに行く］
トゥイ：ほら、この本を見てごらん。
キャシィ：あなたは一つを塗りなさいよ。私も他の一つを塗るから。
トゥイ：ちょっと待って。僕が全部を塗るよ。
キャシィ：黒で書いて、周りを青色にしたら。
トゥイ：みんなが書き終わったら、僕が色を塗るよ。
キャシィ：私は私の部分を塗りたい。
トゥイ：それはだめ。僕が４つとも全部塗る、いいね。

トゥイは、グループのメンバーに比べ活動の目的やカリキュラムの内容を理解していなかったにもかかわらず、グループ内で主導権を握ろうとしていた。

学修目標と相互依存関係の達成規準が、一貫した特徴として生徒たちの学習場面の中心に置かれていたなら、トゥイに見られたような独断専行、あるいは社会的手抜き（すべてを他のメンバーに丸投げする）は起こりにくいかもしれない。これら2つの密接な結合が、与えられた課題に対する、自信に満ちた、各自が役割と発言を伴った協力し合う活動に必要な道具を、生徒たちに与えてくれるのである。シチリアーノ（Siciliano, 1999）は、望ましいチーム・メンバーの規準として、ごく単純な次のような4つの要素をあげている。

［自分の役割をこなす］
・自分に課された課題をやり遂げる
・定められた時間内に自分たちのチームに与えられたことを成し遂げようとする
・何か自分にできることはないかと尋ねる
・（グループの一員として）自分に割り当てられたやるべき仕事に取り組む
［自分の考えをメンバーと共有する］
・自分の意見を表明する
・他のメンバーの考えに応答する
［同意が得られるように取り組む］
・他のメンバーの考え、意見、見方に対して心が開かれている
・仲間と協力し合って取り組むことに前向きである

・（個人ベースで活動するのではなく）チームとして取り組む

［積極的な姿勢を常に保つ］

・ユーモアのセンスを忘れない

・思いやりをもつ

・建設的な批判を心がける

これらの４つの基本要素は、グループ活動に対する達成規準を設ける際に用いることができる。このような達成規準は色褪せることなく、しばしば、教科や単元を超えて通用する。たとえば、中学校の理科の教師のグループは、生徒が話し合いをする際に用いる達成規準を開発している。それは次のような項目を含んでいる。

・私は他者の邪魔にならないように、人の

オンライン授業では

あなたはシチリアーノの４つの基本要素を，学習管理システムにおける生徒たちの課題の一環として，彼らが取り組み，振り返る際のセルフ・アセスメントの一つとして用いることができるだろう。たとえば，英語教師のアシュレイ・キャンベルは，毎週金曜日に課す“クイズ（小テスト）”を考え出した。このクイズには，正答というものがない。その代わりに，生徒たちは４つの基本要素のそれぞれについて自己評定し，そう評定した合理的根拠を提出する。キャンベルは次のように述べる。「私はこれを習慣化したいと思い，毎週クイズを行なって，一緒に活動するための方法について考えているんです。理解力の向上を期待するというより，仲間とどのようにかかわるべきかについて生徒たちに真摯な振り返りをしてもらいたいんです。そして，ある徴候を見て取ったときには，グループに対して追加の時間を設けたり，個人での活動を延長したりします。目標は，生徒たちに自分たちの成功は仲間とともに課題に取り組んだときに向上する，ということをわかってもらうことです」。

話を注意深く聴く

・私は仲間のアイデアや意見を尊重していることを表明する
・私は自分が言われたことについてよく考える
・私は質問したり、質問に答えたりする
・私たちは誰もが共有の機会をもっていることを確認する
・私たちはコンセンサスが得られるよう取り組むとともに、同意できていない点について確認する
・私たちは公正な意思決定をくだす

ここには、これらの授業に焦点を当てた、いくつかの「私」スキルと「私たち」スキルがあることに留意しておこう。これらの学級では、生徒たちはグループでの話し合いに続いて、達成した点と残された点を判別するためにセルフ・アセスメントを行なう。中学校の理科教師の一人は、次のように記している。「私たちは全員がこうした達成規準で授業を始めることに同意しています。そして次に、それらに生徒たちが習得するスキルをつけ加えます。たとえば、翌週には「グループの他の人の視点で考えてみる」といったもう一つを加えるかもしれません。私たちは生徒の社会的感受性をもっと発達させたいと願っていて、それを試みています。私たちは時間が経つにつれ、「私たち」スキルとグループの力に寄せる生徒たちの信念にもっと焦点を当てていきたいと考えていま

す。また、私たちは、「慣れてきた問題解決のプロセスについてみんなで振り返りを行なう」という一項を達成規準に追加しようと思っています。これは生徒たちのコレクティブ・エフィカシーを次のレベルへと引き上げてくれるでしょう」。

こうしたあまねくグループに適用しうる達成規準に加えて、教師は生徒たちがコレクティブ・エフィカシーを訓練し、発達させるために特に必要な社会的スキルに焦点を当てることもできる。たとえば、アンドレア・スタイン教諭の第3学年の生徒たちは、地元地域の地理的特徴について学んでいた。スタイン教諭は、生徒たちが最初はペアで話し合い、次に他のペアと合流して考えを共有する技法である「雪玉ころがし」を用いている。この後、8人グループになるまで続けて、全員で自分たちの考えを共有することができる。この活動は、アイデアをたくさん集めて、その中で最もすぐれたアイデアを入手したときに役に立つ。その際の学習のねらいと達成規準について考えてみよう。

学習のねらい：

- 私は私たちの地域の地理について学習する
- 私たちは仲間の考えに基づいて事を進める方法について学ぶ

達成規準：

- 私は、砂漠、山脈、峡谷、丘、海岸地域、海、湖といった用語を使って解答することができる

・私は、私たちの地域の特定の場所に見合った用語を当てて使うことができる
・私は他の人の言うことに耳を傾け、その話を言い換えることができる
・私は、仲間たちが取り上げている話題について、彼らの話につけ加えることができる
・私たちは合意が得られるように努めるとともに、その内容が理解されるよう互いに助け合う

知識とスキルはともに価値をもつものであり、スキルは「私」と「私たち」の両方を含むことを忘れてはならない。同時に、それらはコレクティブ・エフィカシーについて学び、発達させることにも貢献している。これまで私たちは、生徒たちがコレクティブ・エフィカシーのもつ力から恩恵を受けるのに必要な課題とスキルに焦点を当ててきた。私たちは、グループ学習に適切な課題の構築と、個人と集団のスキルの意図的な指導について論じてきた。本章では、個人と集団の学習のねらい、ならびに達成規準に関する考え方についても合わせ述べてきた。さて次に、私たちが目を向けるべきは、コレクティブ・エフィカシーを発展させる学級内の仕組み、すなわち、グループの形態、指導方略、アセスメントについてだろう。

Chapter 7

ペア学習とグループ学習

これまで、生徒がコレクティブ・エフィカシーを身につけるために必要なスキルと、この種の学習を促進する課題の種類に焦点を当ててきた。また、個人とグループの両方について、学習のねらいと達成規準をどのように設定すればよいか議論してきた。本章では、グループ編成に着目する。想像のとおり、グループ編成についても、課題の設計や学習目標の設定と同じように偶然にまかせてはいけない。生徒のコレクティブ・エフィカシーを高め、開花させるためには、教師は生徒の学習経験を意図的に設計する必要がある。そして教師はその効果を検証し、期待した結果が得られなかった場合は改善していく必要がある。

1 効果があるのか、ないのか？

1913年、マックス・リンゲルマン（Ringelmann, M.）は、数人の人に最大限の力を発揮してロープを引っ張るよう依頼した。ロープは動力計に固定されており、グループとしてのパフォーマンスを推定することができた。各メンバーの最大値を合計すれば、グループとしてのパフォーマンスの理想と現実を比較する基準になる。結果として、グループの合計値はグループの大きさと反比例することが明らかになった。グループの人数が2人（推定最大人数の93％）から8人（推定最大人数の49％）に増えてもその傾向は変わらず、1人増えるごとに7％ずつ低下した。著しい収穫逓減の法則（law of diminishing returns）である（図7-1参照）。

リンゲルマンによると、グループの大きさと各自の課題達成に向けた貢献の大きさとの間には反対の関係がある。「グループの努力やチームへの参加は、確実にメンバーの努力の向上につながる」という考え方に反し、グループのメンバーが増えるにつれて、集団はますます非効率的になることが多い（Kravitz & Martin, 1986）。グループの大きさは2～3人が最適であることは明確であり、これがリンゲルマン効果の基礎である。

グループサイズが大きいよりも小さいほうが成功し

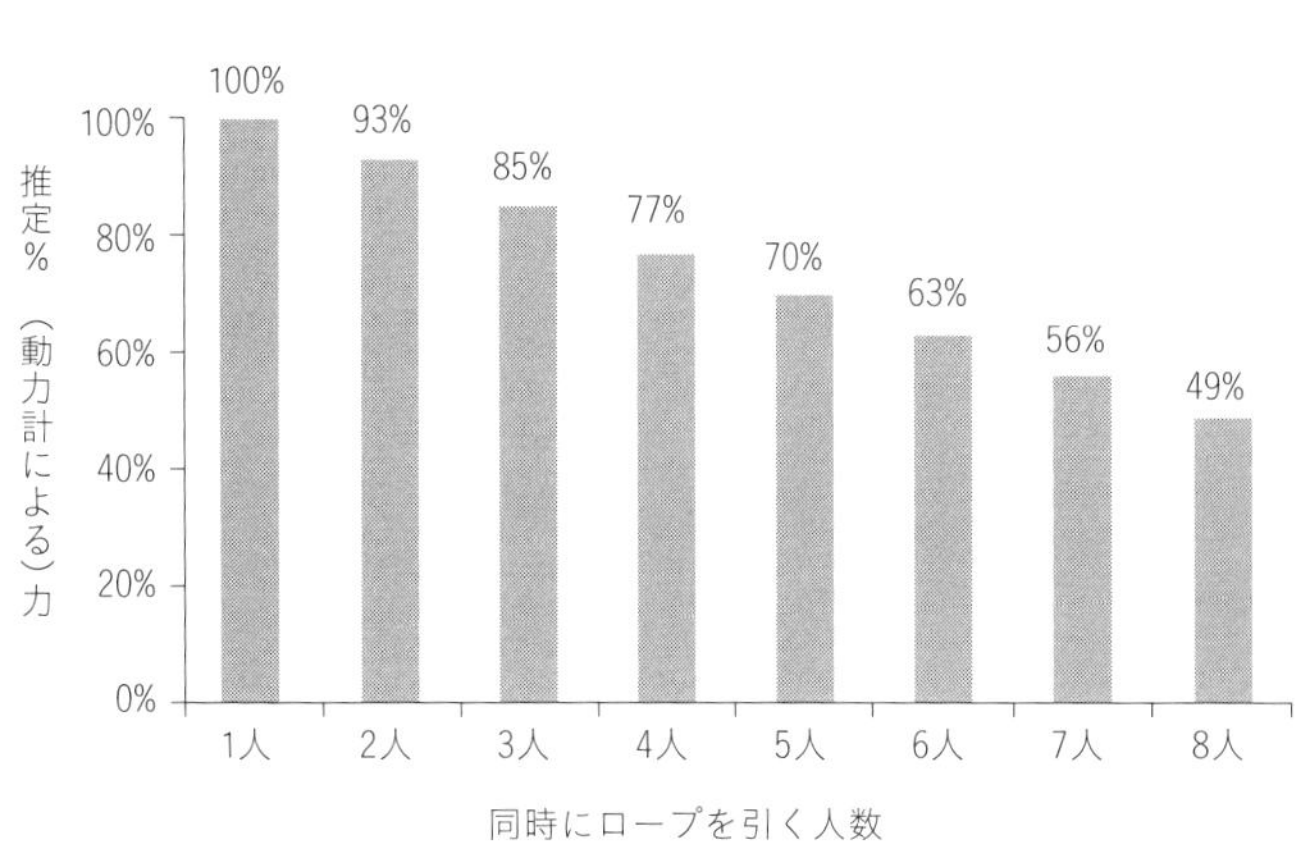

図 7-1　グループサイズが大きくなるほど効果が低減する（Kravitz & Martin, 1986）

やすいということの効果は、多くの研究でも確認されている。たとえば、ラングリンら（Laughlin et al., 2006）は、「高難度な課題において、すぐれた個人よりも高いパフォーマンスを発揮するためには、3人グループが必要かつ十分である」（p.644）と述べている。グループサイズについて魔法の答えはないが、メンバーが増えるにつれて以下の点が指摘されている。

- ・メンバー同士のつながりやモチベーションが低下する
- ・社会的感受性の低いメンバーが、グループを乱す可能性が高まる
- ・社会的手抜き（social loafing）や、ただ乗り（free-riding）が起こりやすく、グループのメンバーが最大限の努力をすることが少なくなる
- ・グループの目標達成の難しさ、見込まれる結果や期待と同様に、グループにおける個人の自己認識や重要性に基づいて、一人ひとりが努力しなければならない可能性が高まる

したがって、人数は多ければ多いほどよいというわけではない。ムクドリが6〜7羽を超えると、群れの維持のために必要な無数の問題処理に使う精神的エネルギーが過剰になるのと同じである。では、グループの大きさは2〜7人が妥当なのだろうか。

もちろん、いくつかの課題の中には、特定の人数を必要とするよう意図的に組み立てられているものがある。たとえば、第5章で取り上げたジグソー法（Aronson, 1978）は、グループメンバー

それぞれが、テキストの異なる部分を担当し、異なる役割を担い、なおかつさまざまなグループ分けが発生するため、各生徒はそれぞれに貢献を求められることで、グループサイズの限界を超えて使用できる効果的な教授方法の一つである。また、相互教授法（Palincsar & Brown, 1984）も、より大きなグループサイズを用いることができる方法である。典型的な相互教授法では、4人の生徒が協力してテキストを読み、部分ごとに議論を行なう。議論においては、要約する、予測する、質問する、言葉やアイデアを明確化するなど、各メンバーが交替で異なる役割を担う。しかし、相互教授法は4人までに限らず、特にピア・チューターが必要な場合は2人で役割を分担したり、1人で2つの役割をこなしたりすることも可能である。ここで注目すべきは、グループサイズを大きくしても、個々の貢献度に責任を持たせる方法があることである。

2　ペアでの学習

2人から始めよう

2人は少なすぎるのだろうか。ベインズら（Baines et al., 2016）はペアをつくってグループ学習を始めることを提案している。ペアで生産的に活動できるようになったら、アイデアの共有や、4

人あるいは雪だるま式にペア同士を組み合わせたりして、グループをつくるのが容易になる。ペアが構成されたら、どうすれば互いがよい学習パートナーになれるかを話し合う。

次の例は、ペアを組み合わせた4人グループでアイデアを共有する授業である。授業の目標は、子どもたちが数の保存概念（問題解決）を理解することである。問題解決、応用可能なスキル、「協力し合って学習すること」に対する達成規準について、子どもたちと議論した。「仲間はずれ」の質問を用いることで、自分の説明が正しいものであるかを互いに説得しなければならないので、議論を共有するのに最適である。

以下に、教師の観察による活動プロセスと、コレクティブ・エフィカシーの結果を記述している。

Column

数学の問題解決（4～5歳）：ペア→4人→クラス全体での取り組み

学習のねらい：ある数を構成するパターンをいくつか発見することを学ぶ（数の保存概念）

課題の種類：補完型の課題（すべてのスキルを統合する課題）

課題：ホワイトボード（図7-2）の中で、どれが仲間はずれか

教師による解説

授業の冒頭、ホワイトボード（図7-2）を見てどれが仲間はずれなのか自分のパートナーと相談

図7-2　提示されたホワイトボード

表7-1

達成規準（応用可能な問題解決能力）	ペアの相手との話し合いに関する達成規準（以下の点が継続的に表現されること）
・まずは予想する ・情報を注意深く観察する ・見落としがないようにする ・答え合わせをする	・互いに，よく聞く ・邪魔をしない ・親切にする ・アイデアを共有する ・互いに助け合う

するよう子どもたちに伝えた。その結果，間違った答えで合意しているペア，より自信のある子どもが相手に意見を変えるよう説得しているペアなどがあった。その後，ペアから4人グループにした。その際，各グループに正解者がいるよう編成した。そして子どもたちに，どのようにして問題を解いたのか，どのような意味で正解なのかについてグループに説明するよう求めた。短時間の話し合いのあと，すべての子どもたちが問題を理解でき，自分のグループの回答が正しいことを証明できた。

説明することで，答えが間違っていた子どもたちは納得でき，何が間違っていたのかを理解することができた。クラス全体に「理解できた」「自分たちで解決できた」「どうやって解くのか証明できる」といった熱い信念のような、目に見えるコレクティブ・エフィカシーが生まれていた。

（エマ・シャイランド、イゴール・グラン・ゲール幼児教室、ウェールズ・アルバシール）

この授業が成功したのは、4歳児にはじめから保存の概念について教えるのではなく、まず絵を見せて、どれが仲間はずれかを話し合わせたからである。その結果、最終的にクラス全体で「9でないものが仲間はずれである」ことを明確に理解することができた。この興味をそそる課題を通して、子どもたちは保存の概念について学んだ。その後、教師は、子どもたちが保存の概念に関する新しい知識を実践可能な授業を行ない、子どもたちはその学習に基づき、保存概念についての達成規準に共同で到達した。

次のことを忘れずに：

- 全体では、いくつのアイテムがあるかということ
- アイテムが大きいか小さいかは問題ではない
- 総数が同じであれば、まったく違うものであってもかまわない

結論としては、だいたい2～7人のグループをつくり、各メンバーの役割に気を配り、それぞれが貢献していることを確認し、グループの機能とパフォーマンスの成功を評価する（この評価には、生徒も参加させる）。多くの活動に適し、グループを同じように保つための処方箋はない。実際、うまく設計された課題において、多様な能力の小グループを編成することは大きな効果がある。グループの中に教える側と教えられる側が混在しており、（最初はよく理解していると考えていても）間違いや誤認を指摘される可能性が高いためである。教える側と教えられる側の両方にとって、ピア・チュータリングの力がいかに重要であるかは明らかである。

Column

どんなメンバーを構成し、いつメンバーを変えるか？

生徒たちはよく、何週間も同じメンバーと一緒に座ることが多い。そして、「私がヘレンを助ける」「ヘレンは私を助ける」というように役割が決まってしまい、それが必ずしも個々のためにならないことがある。私の「学習チーム」に所属する420人の教師たちが、2年間にわたって生徒のペアの組み方について実験を行なった。同じレベル、異なるレベル、友だち同士、ランダムなペアなど、さまざまな組み合わせを構成した。また、3週間、2週間、1週間と同じ生徒同士でペアを組んでから、パートナーを変えるというパターンも設けた。その結果、(1) 名前が書かれた（ロリスティックやパドルポップのような）アイスキャンディーの棒を缶に入れておき、ランダムに学習パートナーを選ぶ、(2)生徒に番号を振って、表示された番号でペアにする、(3)オンラインの無作為抽出機能を使って座席の場所を指示する、がすべての教師に好評であった。パートナーを変更するタイミングは、小学生では約1週間後、中学生では授業を6回終えたあとが最適であると判断された。生徒たちは、全員が同じ条件のもとでグループが決まるという公平性を気に入り、以前の著書（2005, 2008, 2014）*1で述べたように、学習への影響力は強力であった。以下は、2001年の導入から現在にいたるまで、効果の大きかった結論を簡単にまとめたものである。

・グループ分けは包括的な仕組みである
・生徒は1年間で、認知的にも社会的にも幅広くさまざまな相手（例：自分より成績のよい人、または悪い人）と出会い、その人から学び、共に学んだ
・授業中の行動は互いに尊重し合うように改善された。メンバーを替えるため、固定化された相手と不適切な学習習慣をつける暇もない
・生徒たちは、よい事例や考え方に触れる機会が増えた
・生徒たちは互いから学んでいた
・ペアでの活動がうまくいったことで、それ以降についても、誰とでも効果的に活動できるという自信につながる
・その都度、多様なメンバーを構成することで、生徒が「レベルづけ」されることがないためモチ

ベーションが上がる

・授業中の発表は「挙手」して答えるのではなく、名前が書かれたアイスキャンディーの棒を使ってランダムに引くことで、誰が呼ばれるのかわからないので生徒の集中力が高まる
・授業で教師が発問したあと、ペアで短時間（30秒から1分間程度）相談する時間を設けることで、自分の考えを明確にしたり一緒に回答を考えたりする「待ち時間」となる
・3人グループは、言語的支援が必要な生徒がいる場合に有効である
・教師が話しすぎないで生徒に繰り返し質問したりすることで、生徒が思考する時間が長くなる
・生徒たちは、新たな友人ができる

つまり、ランダムにペアを定期的に入れ替えることで、生徒たちが一緒に成功を収めるという高いレベルのコレクティブ・エフィカシーを示すことがわかった。よい学習パートナーになるための達成規準と互いに尊重し合う文化に焦点を当てることで、3人、4人、またはそれ以上の人数のグループにおける成功の場面を用意することになる。

＊1　原著に明記はないが、シャーリー・クラークの該当する著作には以下がある。Clarke, S. (2005). *Formative Assessment in the Secondary Classroom*. Hodder Education; UK ed. ／ *Formative Assessment in Action: Weaving the Elements Together*. Hodder Education. ／ Clarke, S. (2008). *Active Learning Through Formative Assessment*. Hodder Education. ／ Clarke, S. (2014). *Outstanding Formative Assessment: Culture and Practice*. Rising Stars; UK ed.（安藤輝次（訳）『アクティブラーニングのための学習評価法：形成的アセスメントの実践的方法』関西大学出版部，２０１６年）／ *One Last Teardrop (English Edition)*. BOOKWNSYNA.

Column

より複雑な課題におけるグループ分け

課題が複雑で、授業が複数回にわたる際は、意図的にグループを編成することが重要である。ランダムにメンバーを編成すると、その課題の内容が苦手な生徒2、3人が一緒になってしまうことがある。ベネットとキャス（Bennett & Cass, 1988）によると、興味深いことに、異質グループは、グループ内で学力の低いメンバーの数が学力の高いメンバー数と均衡するように編成された場合に効果が高まる。両者のバランスを均衡にすることによって、学力の高い生徒が、課題の達成を急ぐあまり学習の主導権を握り、学力の低い生徒を排除するという事態を避けることができる。グループ分けの方法として、成績上位から下位の生徒までを課題に関連するスキルごとに順位づけ、リストを作成する。そして中心値でリストを分け、それぞれのリストから生徒を抽出しグループを編成する。たとえば、ある数学での協働学習において、32人の生徒を最新のアセスメントに基づいてスキル順に並べ、半分の16人で分割した。つまり、1つ目のリストには1番から16番までが、2つ目のリストには17番から32番までの生徒の名前が記載されている。そして両方のリストを並べて、1つ目のリストにおける最初の2人と、2つ目のリストにおける最初の2人をグループにする。つまり、1番、2番、17番、18番の生徒が一つのグループとなる。3番、4番、19番、20番……といった具合にグループを編成していく。この方法であれば、どのグループも異質性を保ちつつも、メンバーの特性が違いすぎてグループが成立しないという事態が起こりにくくなる。

学習パートナーと一緒に達成規準を作成する

クラス全員で「効果的な学習パートナーになるには」という達成規準を作成することで、合意のとれたルールが確立される。それらは、共同で作成され、表現され、必要に応じて授業中に参照可能なかたちが最適である。これらの達成規準は、学習活動中や活動の終わり、あるいは、パートナーを変える前に、自己評価やピア評価（peer evaluation）として用いる。ペアの達成規準を共同で作成するための一般的な方法として、ティーチング・アシスタントや他の生徒と、ペアでのディスカッションについてのロールプレイを実演することである。ティーチング・アシスタントは、アイコンタクトをする、雑談をしない、励ますように頷く、礼儀正しくするなど、完璧に振る舞う。一方、教師は、話し合いの邪魔をしたり退屈そうにしたりなど、望ましくない態度をとる。楽しみながらも、すぐれた振る舞いと悪い振る舞いを並べることで、生徒が望ましい振る舞いを理解するのに効果的な仕組みとなる。ロールプレイのあと、学習パートナーと一緒に話し合い、クラス全体として適切な達成規準についてブレイン・ストーミングしていく。表7-2は、イギリスとアメリカの6歳から高校生までの授業で、共同で作成した達成規準である。これら合意された規準を参照しながら継続的に話し合いを行なうかぎり、生徒が対話する際の集団および個人の責任は生徒に付されることとなる。

合意のうえで、共同で作成された達成規準は、目につかない壁紙にならないよう絶えず参照される必要がある。各課題に取り組む前や取り組んでいる最中に参照・確認することで、よい行為がみられた部分を強調することができる。授業の終わりには，どの規準で最も成功したと感じ，どの規準について改善する必要があったのかを生徒同士で話し合うことができる。生徒が記入し，共有できるような評価票を作成し，何人かを指名してクラス全体に対して読み上げて共有することもできる。自己評価とピア評価の例は，シャーリー・クラーク（Clarke, S.）のビデオプラットフォーム（www.shirleyclarke-education.org）で見ることができる。

話し合いのためのステム文

他の生徒との話し合いの際に

表 7-2　共同で作成した，学習パートナーについての達成規準の例

じょうずな話し合いのパートナーになる方法（6 歳対象）	学習パートナーの達成規準（9 歳対象）	学習パートナーのための基本ルール（15 歳対象）
・不平不満を言わない，不機嫌な顔をしない ・近くに座って，互いに向き合う ・はっきりと話す ・相手が話しているときは相手の顔を見る ・ゆっくり話す	・相手のアドバイスを聞き，自分の学びに活用する ・他の学習パートナーに迷惑をかけない ・自分たちの学習に責任をもつ ・順番を守り，割り込まない ・提案して，パートナーを助ける ・パートナーが必ずしも自分の意見に同意するわけではないことを理解する ・自分の考えをパートナーと共有する ・聞くということは，話すことができるだけの間を待つこと，自分の言いたいことを横に置いて相手の話に耳を傾けることである	・話し手を観察する ・声を伝える ・聞いて交替する。互いに話しすぎない ・相手を尊重しながら反対意見を言う ・オープンマインドを保つ ・説得力をもって自分の意見を述べる ・互いに励まし合う ・学びの責任を共有する ・互いに尊重し合う ・コミュニケーションを深める ・互いに刺激し合う ・答えは与えるのではなく導く

ステム文*2を使用することで、丁寧で理性的な話し方をするための共有言語を得ることができる。ニューヨークとサンディエゴを拠点とする協働学習コアネットワーク（The Core Collaborative Learning Network）は、ピア・レビュー（peer review）の過程に関連した学術的な会話のレベルを高めるための土台を作成した（図7-3）。ピア・レビューの過程は、ベストセラーである『*Peer Power: Activate an Assessment Revolution*（ピア・パワー：アセスメント革命を起こす）』(Bloomberg et al., 2019）と『*Leading Impact Teams: Building a Culture of Efficacy*（影響力のあるチームを率いる：エフィカシーの文化を築く）』(Bloomberg & Pitchford, 2016）に概要が載っている。この土台となるのは、通常、共感、忍耐、開放性、積極的な傾聴、信頼感に基づくエフィカシーの文化を構築することを目標として、生徒たちと共同で作成される。

この種のステム文は、生徒の話し合いを導くために、礼儀正しく、思考し、尊重し合う文化を育むのに役立つ。通常、ポスターとして掲示され、どのように議論が展開されるかを示す。すべての生徒が、話し合いの場は安心して話を聞いてもらえる場であるという認識を高めるために、思いやりのある話し方で議論する方法を生徒が学ぶことを援助することは、コレクティブ・エフィカシーにとってきわめて重要である。

*2 学習を促進するような話し合いのパターンのこと。たとえば、King, A. (1993). Effects of guided cooperative questioning on children's knowledge construction. *Journal of Experimental Education*, *61*, 127-148. を参照。

賞賛（Admiration）
「私は____が言ったことが好きです，なぜなら…」
「それはいい指摘だね，なぜなら…」
「あなたが…と言ったとき，私は…を理解した」
「これは興味深い，なぜなら…」
「それはいい指摘だね…」
「私は____に賛成する，なぜなら…」
質問（Question）
「もう少し説明してくれますか？」
「見せてもらえますか？」
「1つ質問があるのですが…」
「あなたはどう思いますか？」
「まだ…について疑問がある」
「私はこう考えさせられるのだけど…」
「…に気づいたのですが」
ひらめき（Inspiration）
「もしかしたら…」
「これを見て思うのは…」
「どうなんだろう…」
「…について誰に聞けばよいのか」
「追加で…」
明確化（Clarification）
「これまで私たちが言ってきたことは…」
「筆者は…と言っていると思う」
「つまりあなたが言っていることは…」
「…に同意してもらえますか」
掘り下げ（Prespiration）
「…についてもう少し教えてください」
「…についてもっと詳しく述べてください」
「もっと教えて」
「例をあげてくれる？」
「どうやってわかったの」
「もし答えがわかるとしたら，それは何ですか？」
クラスで生み出した考え
PEER CONVERSATION STEMS
ADMIRATION
"I like what ___ said because..."
"That's a great point, because..."
"When you said...I understood..."
"This is interesting because..."
"That's a great point..."
"I agree with ___ because..."
QUESTION
"Could you explain a bit more please?"
"Could you show me?"
"One question I have is..."
"What do you think?"
"I still have questions about..."
"This makes me think"
"I noticed that..."
INSPIRATION
"What if..."
"This makes me think..."
"I wonder..."
"I would like to add on"
"Who else could we ask about..."
"To add on to that..."
PERSPIRATION
"Can you tell me more about..."
"Could you please elaborate more on..."
"Tell me more."
"Could you give me an example?"
"How do you know?"
"If you did know the answer, what would it be?"
CLARIFICATION
"So far we have said..."
"I think the author is saying..."
"So you are saying..."
"Could we agree that..."
CLASS CREATION

図 7-3　ピアとの会話のステム

Peer Conversation Stems　https://drive.google.com/file/d/0B8kcRBjW7mrndWloTjVlbXNTbW8/view

学習パートナーとの学習を成功させることは、個人のセルフ・エフィカシーの向上にもつながる。イギリス・ロンドンのダーウェントウォーター小学校のリッチ・クレイトンは、次のように説明している。

毎週ランダムにパートナーを変えることで、生徒自身のセルフ・エフィカシーが向上しているのを目の当たりにしている。自身の成果を求めてくれる人がいて、質の高い話し合いができることで、子どもたちが飛躍的に向上し、その後、他者と活動を続けている例もある。ある子どもは、明らかに学習パートナーの影響を受けてすばらしい文章を書き上げた。その文章について尋ねると、「あぁ、これはチェルシーと一緒に活動したときのものだよ。彼女のおかげですばらしいアイデアを思いつくことができた」と言った。その後パートナーが変わっても、彼の文章はさらに改良された。

3 グループでの学習

有効なペアが成立したら、生徒たちが適切な役割を担い、4人もしくはそれ以上の雪だるま式に拡大できるグループをつくる環境が整ったということである。適切な課題、話し合いの文化、教師のガイダンスがあれば、生徒は「学校」の言葉ではなく、より自分たちにとって身近な言葉で意思疎通し、教師の存在という権威的な障壁が取り払われ、仲間との結びつきはより強くなる。

役割分担

課題への取り組みに対して、全員が責任を共有することを確認する最も効果的な方法の一つが、役割を割り当てることである。役割分担によって生徒が自身の役割を認識し、社会的手抜きが阻止され、コレクティブ・エフィカシーを高めるのに役立つのである。ネイヴァらが表7-3に示すように、グループの主な機能は大きく4つある（Nieva, Fleishman, & Rieck, 1978）。

マンカスターとクラーク（Muncaster & Clarke, 2016）の『*Growth Mindset Lessons*（成長マインドセット）』は、小学生の子どもたちが「学習グループ」での話し合いや討論を必要とする課題に取り組む際のグループの役割について述べられている。マンカスターは、初等教育段階のすべての学年を受けもった経験があり、それらの経験に基づいてコレクティブ・エフィカシーを促進するよう

表7-3　グループの機能（Nieva, Fleishman, & Rieck, 1978）

チームを方向づける機能	グループが課題を達成するために必要な情報をどのように生成し割り当てるか
チームを組織する機能	グループが協調して課題に取り組むにはどうしたらよいか
チームを適応させる機能	チームメンバーがどのように課題を遂行し，互いに調整し，補完し合うのか
チームを動機づける機能	チームがやる気と活気に満ちながら達成するような課題の目的をどのように設定するか

な達成規準と役割を提案している。

学習グループは、子どもたちがその活動に取り組むことに加えて、さまざまなスキルを身につけられるように、グループワークにとって明確で一貫した構造になるよう設計される。**マネージャー**、**記録係**、**報告係**、**励まし係**といった4つの重要な役割がある。最初は子どもに特定の役割を割り当て、同じ役割を経験する機会を何度も与えるとよい。子どもたちが役割に慣れ、成長してきたら、定期的に役割を変えることで、さまざまなスキルを発揮できるようになる。

学習グループで実際に役割を発揮する前に、子どもたちが役割について考える機会を設けることが有効だろう。初めに、さまざまな役割について紹介し、それぞれの役割に応じた行動や発言を提案させる。それらをポスターにまとめ、それぞれの役割がうまくいく方法を思い出させる。子どもたちがさまざまな役割について練習する機会を設ける必要もある。簡単なアイデアについて話し合う機会を設けることで、子どもたちは集団の中で起こっていることや自分の役割について、より深く考えることができるようになる。そして、異なる意見を共有できるような活動を設けることで、さらに発展させることができる。

役割分担して活動するときは、教師がファシリテーターとして機能することが重要である。子どもたちの言葉に耳を傾けることで、学習に対する姿勢や個々の考え方が理解できるようになる。また、問題が生じたときには、子どもたちがグループ内で解決できることが重要なスキルであるため、なるべく介入しないようにする。これによって、自立した学習者としての成長が期待される。子どもたちの反応をメモしておくと、あとで誤解を解いたりディスプレイで意見を共有したりすることもできる。

それぞれの役割における達成規準を作成して用いることで、グループはさらに発展していく。また、グループの役割を変化させたり拡張させることもできる（例：意味を明確にしたり、アイデアをさらに発展させるために質問する役割など）。（Muncaster, 2016）

課題と目標が異なれば、役割も異なる。『*Powering Up Children: The Learning Power Approach to Primary Teaching*（パワーアップする子どもたち：初等教育におけるラーニングパワー・アプローチ）』において、クラクストンとカールソン（Claxton & Carlzon, 2019）は、グループでの話し合いに適した9つの役割について述べている（表7-4）。もし9人以下のグループであれば、グループの課題に最も適した役割を選ぶとよい。達成規準の代わりに、それぞれの役割には振り返りのための質問が用意されており、割り当てられた生徒が自分の責任に集中できるようになっている。

グループ内のそれぞれのニーズに対応する

クラークのチームの研究によると、興味深いことに、認知的・社会的に多様なペアを構成し、加

表 7-4　グループでの話し合いに適した 9 つの役割 (Claxton & Carlzon, 2019)

役割	役割の内容	振り返りのための質問
記録係	重要事項を記録する	・キーポイントは何だろうか？ ・どのようにして要約できるだろうか？ ・どの情報が重要で，どの情報が重要でないだろうか？
言葉の専門家	重要な言葉や新しい言葉を集める	・今までに出会ったことのない言葉はどれだろうか。どのようにすればその言葉の意味を理解できるだろうか？
課題マネージャー	グループ内の役割を管理する。全員が役割を理解し，課題に関与していることを確認する。役割を果たすために，課題を中断することもある	・グループメンバー全員が自分の役割を明確に理解しているだろうか？ ・すべてのメンバーをサポートし，関与させるにはどうしたらよいだろうか？ ・全員に貢献する機会を与えるにはどうしたらよいだろうか？
予測係	次に何が起こりそうか想像する	・次に何が起こるだろうか。なぜそう思うのか。他の可能性はないだろうか？
質問係	課題に取り組んでいるときに質問を考えだす	・どのような質問をすれば詳細に調べられるだろうか？ ・どのような質問がグループの理解を深められるだろうか？ ・どのような質問をメモしておけば，あとで調べられるだろうか？
確認係	全員の理解を保証するために吟味する	・スピードが早すぎないだろうか，遅すぎないだろうか？ ・ここまで，みんなに疑問はないだろうか？ ・もっと明確にするために確認することはないだろうか？ ・ここまでの内容について全員が理解しているだろう？か。どうすれば確認できるだろうか？
関連づけ係	これまでに学習したことと新たな考えとの関連づけ	・これまでの学習と関連はあるだろうか？ ・これまでの学習とのつながりはあるだろうか？ ・この内容から何を思い浮かべるだろうか？ ・他の場面で，いつ，これを見たり聞いたりしたことがあるだろうか？
挑戦係	考えたことに挑戦する。悪魔の代弁者のように振る舞う	・自分たちの考えを裏づけられるだろうか？ ・他に考えられる理由はないだろうか？ ・これは本当か。もし本当でないなら，なぜだろうか？
要約係	学習の途中および終了時に要点をまとめる	・何を話し合ってきただろうか？　重要な点は何か。グループとしてどのように協力しただろうか？

えて、定期的にペアを変えることで、成績が低い生徒や言語障害のある生徒を大いにサポートし、自信をもつことにつながった。英語の学習者にも同様のことが言えるようである。自閉症スペクトラムの生徒も、定期的なパートナーの変更に最初は困難を感じる傾向があるが、次第に彼らにとっての「新しい日常」になっていくようである。ある13歳の自閉症スペクトラムの生徒は、毎週学習パートナーを変えながら数週間の学習を終えたあと、教師に「パートナーのおかげで自分の殻を破ることができた」と語った。

4 グループの否定的意見への対処

グループに対して否定的なメンバーは、チームの活動や効果に想像以上の影響を及ぼす可能性があるため、チームを編成する際にその存在を考慮しておく必要がある。否定的なメンバーはグループの成功の可能性について悲観的であり、他の生徒を盾にして葛藤を引き起こし、社会的手抜きが起こりやすくなる。このような生徒は、向社会的な振る舞いや行動の仕方を教わらなければ、波及効果となってグループの信頼を損ねることになりかねない。

消極的な生徒は、努力や関与を控える傾向があるため、グループへの義務を果たしていない場合がある(このような社会的手抜きについては第2章で述べた)。また、否定的な雰囲気や態度を示し、それが他のメンバーの間にも広がり、他者をからかったり弱いものいじめをしたり無礼な振る舞いをするなど、受け入れ難い行動をとる場合がある。

教師の介入に頼るのではなく、このような否定的な影響を適切に対処できるよう、生徒一人ひとりやグループとしての対処スキルを育成する必要がある。以下に示すのは、生徒に教えることが可能な、否定的な影響に対処するための4つのスキルである。

1. 教師の関与を求める適切なタイミングを認識する
2. 冷静になり、否定的な生徒を助長してしまわないようにする
3. 否定的な行為を、グループの成功の可能性に対する実質的な脅威ではなく、たんなる迷惑行為として捉え直す
4. 生徒の行為が否定的ではなくなるような、代わりとなるスキルを教える

これらは、貴重な知識や理解を促すとともに、グループに創造的な問題解決策を教えることにつながる可能性がある。具体的にいえば、否定的な混乱を最小限に抑えるために信頼関係を築く方法や、グループの葛藤を、メンバーに対してではなく課題についての葛藤に変換する方法などである。

特別優秀なメンバーがいても、その集団が有利である保証は必ずしもない。能力の高いメンバーがいるグループが成功しないケースは多々ある。2004年のアテネ五輪で、アメリカのバスケッ

トボールチームにはレブロン・ジェームズ、ティム・ダンカン、アレン・アイバーソンなどのスーパースターがいたが、金メダルを獲得することはできなかった。それどころか、過去最低となる3度の敗北を喫した[*3]。優秀なメンバーがいると助かるのかもしれないが、教師は、グループメンバーの特性にかかわらず、パフォーマンスを向上させる課題の内容とグループの運営方法を保証するために利用可能な資源について注意深く検討していく必要がある。

次の授業例では、グループの中で成績のよいメンバーが優位に立ってしまい、成績の悪いメンバーが慎重にならざるをえないという現実的な問題を示している。担当教師はこの授業を経験して、協働についての達成規準の必要性と、葛藤に対処する方法を開発することの重要性を再認識し、目から鱗が落ちる思いであった。互恵的な相互依存関係についての達成規準がないことは、課題遂行、学習のねらい、達成規準のみに生徒の意識が焦点化され、その他のことは重要でないというメッセージとなってしまうかもしれない。イギリス、ノーフォーク州にあるトーマス・ブロック・チャーチ・オブ・イングランド小学校のアーロン・ホール教諭は、橋の建設というグループ課題に取り組む一連の授業について、次のように説明している。ランダムなグループ分けによって、一部の生徒には継続的な効果としてセルフ・エフィカシーの向上という予想外の結果をもたらしたが、全体としては、達成規準とグループメンバーとして成功するとはどういうことかについての話し合いがもっと必要であった。

Column

技術科の授業例（10〜11歳）：4人での取り組み

学習のねらい①：橋の種類の違い、その目的、工法（知識）について学ぶ
学習のねらい②：成功や改善点を協働で判断していく方法について学ぶ
課題：教室にある材料を使って、自立する橋を設計・制作する。補完型の課題（すべてのスキルを統合する課題）、加算型の課題（多くの人手があれば、簡単に作業できる課題）、分離型の課題（メンバーの一人でも遂行に成功すればよい課題）

●学んだ設計と技術的な知識を応用するための達成規準（応用可能なスキル）
次のことを忘れずに：
・自分の知識を一緒に再検討する
・明確な表示と寸法を用いて橋をデザインする
・適切な材料や道具を選び、作業を分担する
・設計を検証し、首尾よくいったところと改善の必要なところを一緒に判断し、話し合う
・グループとして、設計のやり直しや改良の方法について決定し、再度検証する

＊3　アメリカチームのオリンピックでの敗北は、1972年ミュンヘン大会（1回）、1988年ソウル大会（1回）のみだったが、2004年のアテネ大会では3戦で敗北している。

橋についての知識

グループで次の点について考えましょう

・橋の種類：ビーム橋、アーチ橋、トラス橋、カンチレバー吊橋、ケーブルステイ橋

・スコットランドにあるフォース湾の3つの橋の設計が異なっている理由

・建物や橋の強度を強める形状

・安定性と固定方法

橋の制作

まず2週間、橋の5つの種類（ビーム、アーチ、トラス、カンチレバー、ケーブルステイ）に焦点を当て、スコットランドのフォース湾などを参考にしながら知識を深めた。その後、設計と技術、そして教室にある材料を使った建築の技術に焦点を当てた。

生徒をランダムにグループに分け、橋を設計して制作するよう求めた。制作する際、教師が設定した仕様を満たしているか多くの確認テストを受けた。目標は明確で、生徒は高く動機づけられていた。私は2つのグループに着目し、集団としての試みを記録した。

グループA（ランダムに選んだグループであるが、全体的に成績の低い集団）

最初の段階では、このグループは自分たちの設計や橋の制作がうまくいくことへの期待が非常に低かった。理由を問うと、ある生徒（A1）は「自宅でもやっているので、木工は大丈夫だろう」、別の

生徒（A3）も「木工をやって楽しかった」、生徒A2は「多分、デッキが作れる」、A4は「色塗りはじょうずにできそうだ」とのこと。タスクを分担し、「これはいけるかもしれない」とわかると、彼らの態度は変わりはじめた。また、何か困ったことがあると、協力し合って解決しようとする姿も見られた。

グループB（4人グループのうち、3人が成績上位の集団）

最初は自信満々だったが、次第にグループとしてのまとまりに苦心するようになった。生徒B1とB2が、それぞれの設計のうちどちらを採用するかについて意見がまとまらなかった。生徒B3とB4は、B1かB2のどちらかの意見に味方することを嫌がった。教師が介入して、「自分たちで選ばないのであれば私が選ぶ」と言うと、B1が「B2の設計を採用すればよい」と言ったが、そのうちB1とB2が「やり方が悪い」と言い合いを始めた。

グループAとグループC

橋ができあがると、自分たちが手で支えなければ橋が立たないことに気づいた。いつもなら落胆してしまうのだが、グループAが、グループCの橋も同じように立たないことに気づき、両グループの特徴を活かして1つの橋にすることを提案した。グループCはそれに賛成し、2つのグループで1つの橋を完成させた。

授業が終わるころ、グループAとグループCの橋はよいものに仕上がった。グループBの橋は支えなしには立たなかった。なぜうまく制作できなかったのか尋ねると、B1とB2の両方ともが互いを責めた。ホール教諭は、一部の生徒たちの態度や自信に影響を及ぼした点について表7-5にまとめている。

表 7-5

生徒	プロジェクト前の態度	プロジェクト後の態度
A1	・自分には無理だと思うような学習課題には挑戦したがらない ・学習課題に挑戦しても，取り組みに時間がかかり，十分な量をこなせないことが多い ・間違いを指摘されると黙り込んであきらめてしまう ・他の教師は彼に対して「学習に興味がない」とよく言うが，私は自分の能力に対する自信のなさのほうが原因だと感じている	・学習課題に積極的に挑戦するようになった ・間違いを指摘された際，それが学習プロセスの一部であることを理解し，もう一度やってみようとすることが多くなった ・自分が備えているスキルに対して，また，努力すれば課題を達成できることに対して，より前向きに考えられるようになった
A2	・体調不良を訴えることが多く，出席率にばらつきがあった ・自主学習の課題が難しすぎると感じると，体調不良を訴えることが多かった ・他人の成果を真似（コピー）してしまう	・出席率が改善した ・学習課題に積極的に取り組むようになったが，特に難しいと感じたときは体調不良を訴える ・学習者としての自分の能力を信じられるようになってきた
A3	・自信があまりない ・自主学習の課題に取り組むことはあるが，そこで間違いを指摘されるとあきらめたりやる気がなくなってしまう	・自信が高まった ・学習のつまずきに対処できるようになった
A4	・自主学習の取りかかりが非常に遅い ・課題を完了できないと不機嫌になる ・学習に挑戦するのを拒否することが多い	・学習態度にあまり変化は見られない
B1	・成績のよい生徒 ・クラスの多くの生徒から，クラスの中でも優秀だと思われることが多く，そのことでこれまでかかわった教師も彼を「褒める」ことにつながった ・コミュニケーション・スキルが高くなく，自分自身を「優秀だ」と考えている ・自分が一番知っていると，グループメンバーに対して上から目線で話すことが多い	・この学習体験後，自信が少し抑えられ上から目線の話し方が緩和された ・グループとしての活動なのだが，まだ自分一人でやってしまう側面がある
B2	・非常に自信があり，すぐに自分の意見を言う ・グループメンバーが彼の意見に賛同できないと，イライラして口論を始める傾向がある	・この体験を経て，グループメンバーの意見を聞くことができるようになった

アーロン・ホール教諭（トーマス・ブロック小学校，ノーフォーク州）

ホール教諭のクラスでは、相互依存関係のスキルに焦点化した具体的なトレーニングは行なわれていなかったが、それでもこの経験はグループの成功につながり、1人の生徒を除いて全員のセルフ・エフィカシーを高めることができた。さらに、たった一度のグループでの経験だったにもかかわらず、この効果は長期的なものとなった。話し合いのパートナーやグループにおける社会的な達成規準があっても、(「橋」の説明にあるように)代理経験や社会的説得が、コレクティブ・エフィカシーの心性を左右する態度に大きな影響を及ぼすことがあるのだ[a]。

生徒の多くが、仲間がお手本となり、支援し、要求するようなコミュニティに参加することで、真剣に努力する忍耐力を学ぶ。共に努力し、重要な成長を遂げるようなチームの一員になることができたとき、仲間とともに困難に立ち向かう粘り強さをつけていく[b]。

(Ferlazzo, 2015 in *Developing Tenacity: Teaching Learners How to Persevere in the Face of Difficulty* by Lucas and Spencer, 2018)

適切な学習課題、学習のねらい、達成規準、相互依存関係のトレーニングを伴うようなペア学習

[a] コレクティブ・エフィカシーは、グループだけでなく、個人の自信も高めることにつながる(235頁も参照)。
[b] 成功体験があると、セルフ・エフィカシーが高まり、「また成功できるかもしれない」と思えるようになる(139頁も参照)。

やグループ学習は、生徒のコレクティブ・エフィカシーを高める体系的な要素の中軸を形成する。もちろん、生徒のコレクティブ・エフィカシーについて検証するには、その存在だけでなく生徒の学習に及ぼす影響をどのように確認するかが重要である。次章では、私たちの信念や主張を明確にするために、これらの要因を評価する方法を探る。

Chapter 8 コレクティブ・エフィカシーのアセスメント

この章で着目するのは、個人やグループワークをどのようにアセスメントするかではなく、コレクティブ・エフィカシーをいかにしてアセスメントするかということである。そこでまず、生徒たちのコレクティブ・エフィカシーをどう定義したかについて思い起こしてみよう。

- 個々の生徒は、課題に有用な貢献をし、チームの一員としての活動を成し遂げる能力と心性に確信をもつ必要がある
- 個々の生徒は、自分自身のために活動するスキルとともに、チームのみんなと一緒に活動するスキルをもっていなければならない
- 個々の生徒は、適切な行動方針を立案し、実行するためのチーム力に自信や信念を共有している必要がある

本章では「生徒のコレクティブ・エフィカシーの発生をどのようにしたら知ることができるのか」、「うまくいったときの姿はどのようなものだろうか」といった疑問に答えていく。

1　再びコレクティブ・エフィカシーの達成規準について

コレクティブ・エフィカシーによってグループが首尾よく機能し成果をあげた際の、達成規準から見ていくことにしよう。２０１９年版のマーストリヒト大学（The Maastricht University）の指導要領では、グループで一緒に学んだり活動できるスキル、（レポートやプレゼンテーション、動画などで）グループとしての成果を共にあげようと取り組むスキル、そして、グループで活動する過程を肯定的に評価する、といった個々の生徒のスキルに関連づけた個人のアセスメントを推奨している。グループワークによる単元が終了するまでに、生徒たちは次のような事項が可能になることを求められる。

- チームでの取り組みが効果的に行なわれるよう、適切な役割と課題の割り当てを決める
- 適宜、グループでの活動を計画する
- 最終的な締め切りと節目節目を決める、そしていつどのように集まり活動内容を共有し、割り当て、協働するかを選択することによって、与えられた時間内にグループワークが収まるように管理する
- グループメンバーの考えを理解し合い、それに貢献し、受け入れる
- グループメンバーの成果や貢献について建設的なピア・レビューを行なう
- 得られたフィードバックを最終的な成果に盛り込む

・プレゼンテーションもしくはポスター形式で結果をわかりやすく発表する
・グループワークの過程を通じてどこが向上したかを見定める

グループワークでの成功とは、次のような内容を意味する。

・グループの誰もが、何らかのかたちで活動にかかわり、一緒に熱意をもって取り組む
・グループでの成功がグループのあり方によって明瞭に表現されている。すなわち、共有することと、役割交替、作業の割り振りの手順が明白になっている
・役割交替が適宜なされるために、特定の生徒が主導権を握り続けるようなことはない。リーダーとなる生徒は、メンバーたちが自分たちに与えられた（選んだ）役割を快適で大切だと感じているかぎり、その任に当たることになる
・彼らは互いによく意思疎通をする
・彼らは目標と結果に焦点を合わせている
・全員が公平に割り当てられたことに貢献している
・彼らは互いに援助を申し出る
・彼らは組織立てられている
・彼らは協力し合うことを楽しんでいる

・彼らは再び一緒に活動できるよう，熱い思いを互いに表明し合う

2 調査と振り返り

どのくらいコレクティブ・エフィカシーが効いているのかを測るものとして，たとえば表8-1のような質問や予想に対して生徒から直接回答やフィードバックを得るような，多くの調査項目やルーブリックがある。こうした調査は，グループによる取り組みが行なわれているときに（すなわち，コレクティブ・エフィカシーにおけるグループの働きや個々の生徒のスキルを向上させる形成的評価として）実施したり，活動の終了時に（総括的評価として）行なうことができる。

表 8-1　コレクティブ・エフィカシーのための調査項目例

この調査項目は，学校全体，クラス全体，ペアやグループのコレクティブ・エフィカシーを観察するために用いることができる。

1. あなたはこのグループでどのくらい成功すると思いますか？
2. このグループはあなたの成功を援助してくれていますか？　また援助してくれそうですか？
3. あなたはこのグループのメンバーになりたいですか？
4. このグループのメンバーだとものごとを達成できそうな気がしますか？　どうしてそう思いますか？
5. みんながグループ一丸となっているとどの程度思いますか？
6. グループとして，みんなが一緒だという確信がもてる理由はなんですか？　あるいは，もてない理由はなんですか？
7. このグループのために，あなたはどのくらいうまく課題に取り組めましたか？
8. グループがうまく活動できるよう，先生は何をしてくれましたか？
9. このグループで成功したことで，次も成功する自信をより感じるようになりましたか？　なぜそう思いますか？
10. この課題に際して，グループとしてどの程度うまく取り組めましたか？　次の課題に一緒に取り組む際はどの程度うまくやれると思いますか？　何があなた方をすぐれたチームにしていると思いますか？

次頁の表8-2に示したピア・アセスメント（peer assessment）のためのルーブリックは、マーストリヒト・グループによって開発されたものであり（van Zundert et al., 2010）、彼らは私たちと同様、それを前もって生徒たちに提示しておくことを推奨している。アセスメントのときになって、あるいはアセスメントの終わりにルーブリックを提示しても、大部分は限定的な効果しかもちえない。生徒たちにとっては達成規準について洞察を得たり、高みをめざして活動に取りかかったり、できの良し悪しに関する教師の胸の内を探ったりするには、それでは遅すぎるのである。

3 アセスメントの方法

グループやメンバー個人に対して用いることのできるアセスメントは、課題がプロセス志向のものであるか成果志向であるかに応じて、さまざまな手法がある。プロセスのアセスメントについては、学習記録、振り返りレポート、ポートフォリオ、グループによる相互評価、観察、セルフ・アセスメントやピア・アセスメント、360度フィードバック*1、貢献度チェック、パフォーマン

＊1 評価者が上司・指導者だけではなく、仲間、部下・後輩など多方面からの評価・フィードバック。

表 8-2　ピア・アセスメントのためのルーブリック（van Zundert, Sluijsmans, & van Merrienboer, 2010）

	0-3.0	3.0-5.5	5.5-7.0	7.0-9.0	9.0-10.0
コミュニケーション	自分が何をしたかをグループの他のメンバーや先生にまったく説明できない	自分が何をしたかをグループの他のメンバーや先生に普段は説明しない	自分が何をしたかをグループの他のメンバーや先生に常に説明するわけではない	自分が何をしたかをグループの他のメンバーや先生に普段は説明する	自分が何をしたかをグループの他のメンバーや先生にいつも説明する
	何をすべきかについての考えがまったくなく，何らの説明もすることができない	何をすべきかについての考えがほとんどなく，普段はそのことについて説明できない	何をするかについて正確には知らず，何をすべきか常に説明することはできない	何をしたらよいかについてよい考えをもち，それについて説明することができる	何をしたらよいかについて完璧な考えをもち，誰にでもそれを説明できる
	討論には参加しない	討論にはほとんど参加しない	結果や進展についての討論にわずかに参加する	結果や進展についての討論に積極的に参加する	結果や進展についてのグループのメンバー間の討論を確実に行なっている
教科内容の学び	ほとんど欠席していて，大部分の時間をグループ外で過ごす	ほとんど出席しておらず，納得できる，適切な仕方で取り組んでいない	ほとんど出席しており，納得のいく仕方で取り組んでいる	出校日はすべて出席し，しっかり取り組み，普段は締め切りも守っている	出校日はすべて出席し，しっかり取り組み，常に締め切りを守る
	現われないことが数回にわたる	遅刻したり，早退したりすることが数回にわたる	普段は取り組んでいるが，休憩ばかりとりたがる		特別努力している（時間外，特別な調査旅行など）
	提出物を何も提出しない	提出物が大幅に遅れる	提出物が遅れる	普段は提出の締め切りを守る	提出の締め切りを常に守る
	やるべきことを決して（ほとんど）やろうとせず，いかなる場合も率先して取り組むことはない	やるべきことをすべてやることはなく，率先して取り組むこともほとんどない	率先してではないが，チームから求められたことは行なう	率先してことに当たり，プロジェクトを進めるためのアイデアを発案する	率先してことに当たり，プロジェクトをさらに飛躍させるための新しい考えを生む議論を導く
	プロジェクトにほとんど関心を示さない	プロジェクトにあまり関心を示さない		プロジェクトにかなり関心を寄せている	プロジェクトに非常に関心を寄せている

	0-3.0	3.0-5.5	5.5-7.0	7.0-9.0	9.0-10.0
教科内容の学び	実習のレベルがきわめて低い	実習のレベルが低いことが多く，信頼性に欠ける	実習のレベルはたいてい合格点である	実習のレベルがすぐれている	実習のレベルが完璧である
	課された作業をほとんどすることがない	課された作業のすべてに取り組むわけではない	追加の作業は一切しない	追加の作業も求められれば取り組む	追加の作業が必要なときには率先して取り組む
	準備・立ち上げに率先して取り組んだり，手を貸したりすることはない	準備・立ち上げに率先してではないが，少しは手を貸す	求められれば実験の準備や立ち上げを援助する	準備・立ち上げを積極的に行なう	準備・立ち上げを率先して行なう
報告書作成	プロジェクト内容やいつそれをするのかについて何も考えていない	プロジェクト内容はおおよそ理解しているものの，どう実行するするのかはわかっていない	プロジェクトを具体的に実行する進め方についてはほとんど知らない	プロジェクトを具体的にどのように進めるか，おおまかに理解している	プロジェクトの具体的な進め方について，各段階の計画を書面もしくは頭の中に描いている
	報告書作成にまったく貢献しない	報告書作成に十分な貢献を果たさない	報告書作成に貢献する	報告書作成にかなりの貢献を果たす	報告書作成にきわめて重要な貢献をする
	ごく一部の打ち合わせにしか参加しないか，ほとんど出席しない	ときどきは打ち合わせに参加するが，遅刻したり早退したりする	普段は打ち合わせに参加するが，しばしば遅刻したり早退したりする	常に打ち合わせに参加し，遅刻したり早退したりすることはない	報告書作成について議論するための打ち合わせを準備する
	報告書の文章を書くことはまったくない	書いた文章のレベルが低く，かなりの推敲が必要である	十分な質的レベルの文章を書くが，まだ推敲が必要である	すぐれた質的レベルの文章を書き，ほとんど推敲も必要としない	非常にすぐれた質的レベルの文章を書き，推敲の必要もない
		報告書の質的レベルを低下させている	報告書全体の出来にほとんど貢献せず，編集に手も貸していない	報告書全体の出来にいくらか貢献するとともに，編集も手助けしている	報告書全体の出来と最終的な編集に大きな貢献を果たしている

ス観察、などが考えられている。また、成果のアセスメントについては、進捗テスト、ポートフォリオ調査、セルフ・アセスメントやピア・アセスメント、エッセイ、レポート、知識・理解度テスト、口頭試問や発表、ポスター発表、ビデオ、成果テストなどが用いられる（Guskey & Brookhart, 2019; Heritage & Harrison, 2019を参照）。

こうした方法はすべて形成的評価や総括的評価として利用することができる（第6章を参照）。形成的な観点からは、刻々と起こっていることや学習の要請に対応するために、教師はグループが協働し進展があるかどうかを評価するための情報を収集する必要がある。そのため教師たちは適切な働きかけが即座にできるよう、そして、いつどこで生徒たちの考えに異議を申し立てたり、方向転換させたらいいかを確認するために、ペアやグループでの議論を観察したり会話に聞き耳を立てたりして、「教室内を巡回しながら」アセスメントとフィードバックを行なう必要がある。直後のフィードバックによって、成功が強調されるとともに上達が促される。ただ、生徒たちの議論の最中に邪魔に入ることは、彼らの会話を止め思考を停止させてしまうことになりかねず、避けるべきである。

マーフィ（Murphy, 2015）は、表面的な学習、深い学習、あるいは応用的な（転移）学習が行なわれるいずれかの授業に焦点を当てて、グループで活動する生徒の会話のテキストデータを収集した。興味深かったのは、聞き耳を立ててみると、生徒たちのグループでの話し合いは高い頻度で表面的なものから深いレベルへと移行していることだった。ところが、教師がグループに（観察したり聞き入ったり、かかわりをもとうと）やってくると、彼らの話し合いはたちどころに表面的なものに戻ってしまったのである。教師は、「何しているの？」「どのあたりのことをしているの？」「何か質問は？」「手助けがいるかな？」など、ほとんどが事実や細々とした手続きについての表面的なレベルの質問に興味があるようである。進行の邪魔になったり、生徒たちがアイデアを試したり調べたりしているのを止めてしまわないよう、教師は慎重になるべきである。教師の役割は、指揮者として情報や詳細を示し、進め方に責任をもつことだと信じている人があまりにも多いが、これこそ私たちが生徒に受け渡すべきだと考えていることなのである。

学習者自身が、自らの活動やグループとしての成長をその時々にアセスメントし評価する、そうした機会をより多くもったり見つけたりするべきである。また、一人であれ、ペアであれ、グループであれ、何がすぐれた学びを生むのかについて、生徒たちに明確なメッセージと励ましをもっと多く与える必要がある。そして私たちに求められるのは、学習過程における生徒たちの自信と集団としての出来について、そのレベルと向上の具合を評価することなのだ。

総括的な観点からすれば、協働的な取り組みが効果的であってもなくてもグループの達成に同一の成績が与えられると生徒が知ったら、相互依存的なスキルを磨こうとする動機は生まれてこないだろう。また、自分自身の課題に集中すべきときに、お互いに助け合うことに時間を費やしても何の利益もないことになる。しかし、もし各生徒に何らかの役割（記録係、報告係、司会進行係など）が割り当てられていたとしたら、これにより意欲の喪失を防ぐことができる。なぜなら、成績は個人ごとの成果によって付与されるとしても、役割は与えられた役割の達成規準に従って遂行されることから、その結果、グループの利益につながったり、成功に貢献したりすることになるからである。最終的には、個人の成果とグループの有益なメンバーであることの両方についてアセスメントや成績を与えることができるなら、それが最善の方策だろう。

4 個人とグループの貢献や成果への成績付与とフィードバック

私たちは、最も効果的なフィードバックの形式について第3章で議論した。ここで再確認しておくべきは、アセスメントの価値というのは多くの場合、学習・指導の次なるステップについて生徒・教師が得るフィードバックの働きにある、ということである。すなわち、彼らが向かうべき方向や成功への舵をどのように切るかに関する、質的な情報に基づいたフィードバックである。

グループ内において、生徒たちは個人個人やグループのパフォーマンスを向上させるための、数多くのフィードバックを利用することができる。それはたとえば、協働に対する意味づけであるとか、そうした意味づけの過程について議論すること、自らの考えを仲間に説明すること、他人の考えを受け入れて取り組むこと、混乱を見つけて対処すること、協働によって不一致を解消することに関するフィードバックである。

そこでは、生徒それぞれは独自のフィードバックと成績を受け取るべきなのか、グループに対してだけ与えるべきか、それとも生徒個々とグループの双方にフィードバックと成績が与えられるべきなのか（その際はどうやって与えるのか）が、まず問題となってくる。私たちは、生徒個人とグループの両方にフィードバックし成績を付与することを勧めているが、どちらか一方に与えるのが適切な場合もしばしばあるだろう。この選択がいずれであったとしても、与えられるフィードバック、コメント、成績は達成規準に準じたものでなければならない。このことはまた、個人とグループ両方の学習にとって何が重要なのかという、教師の指摘に対する信頼を醸成してくれるだろう。

グループの特徴がわかってくると、生徒たちは知的貢献、努力、発表力によって必ずグループのパフォーマンスに諸々の恩恵をもたらすようになる。したがって最優先事項としては、できれば取り組みの最初の段階から、成功のためのルーブリックを確実に理解してもらうことである。成績付与の対象が個人であれグループであれ、あるいはその両方であったとしても、生徒たちがあとからそのシステムを知って驚くようなことになってはならない。

場合によっては、あまりにも多くの個別要素や個々の成果に点数をつけることのないよう、留意する必要がある。ほとんどのグループにおいて、生徒たちは課題を互いに割り振ることによって、グループワークのさまざまな側面で貢献することができる。こうして割り振られた要素は同等の価値をもっているとは限らないし、さまざまな規準で取り組みが行なわれ、異なる知識レベルと貢献が求められ、グループメンバーからの多様な援助を必要とするかもしれない。他方で、グループ成績は社会的手抜きを助長する可能性があり、彼らの総合成績が他のメンバーの努力と達成に依存するということを好ましく思っていない者にとっては、尽力することへのやる気を低めることになるかもしれない。ひいては、その成績が公正ではないと感じさせ、グループワークへの自信や意欲を低下させ、今後のグループへの関与を低めてしまうことにつながりかねない。

個人ならびにグループの貢献を推定する方法には、さまざまなものがある。

・グループワークの最終的な結果（プロセスと成果）にどのように貢献したかについて、生徒たちに短い振り返りレポートを書いてもらう。
・最終成果にいたるグループ活動の過程、かかわり、コメントの概要について、生徒に個人ならびにグループの振り返り報告、あるいは学習記録をつけてもらう。
・一人ひとりに（表8-3のような）ルーブリックに回答してもらう。
・何人か（あるいは全員）に対して異なる課題もしくは役割責任を割り当て、これら具体的な役割に基づいて個人ごとに別々の成績を付与する。このことは与えられた役割に即した達成規準を自分たちで設定しなければならないことを意味するだろう。ただ、一部の生徒が不利な役割を与えられ不公平だと感じる恐れもあることから、配慮が求められる。
・グループに対して成績を付与し、フィードバックのコメントを返す。これはチームとしての取り組みにとって大きな動機づけになるが、グループに成績を付与する際は個人ごとの成績も一緒に与えることが望ましい。

・個々人の成績の平均もしくは合計を求めることによって、グループの成績とする。これは透明性が高い方法であることから、全員の力がうまく合い、グループ全体として恩恵が得られるような、生徒たちの高いレベルの相互依存関係につながる可能性がある。

・教師からグループに与えられた成績は、指導者や仲間によって判断された貢献の度合いに基づいて、加減・調整して個々の生徒の成績とすることもできる。これは、グループ内の他のメンバーの評価によって評点を増減させることを提案した、ケイ・ニクレム（Knickrehm, K.）の名に因んで「ニクレム法」呼ばれている。それぞれの生徒は（自分自身を除いた）他のメンバーを採点

表 8-3　相互評価のルーブリック

メンバー名	努力の程度 課題への貢献，指導力，役割責任	チームワーク 協働，コミュニケーション，快適な雰囲気づくり	知的な貢献 創造性，話し合いでの情報提供，レポート作成	備考・特記事項
1				
2				
3				
4				
5				
6				
7				
8				
9				
あなた自身				

して、一定数の手持ちのポイントを匿名で各メンバーに配分する。この場合、グループへの「最大の貢献者」には、より多くのポイントが与えられることになる。ニクレムは、貢献がわずかであるかまったくない場合には0点、貢献しているものの分担分にはほど遠い場合は1点、応分の安定した仕事ぶりには（最も一般的な得点として）2点、分担以上の貢献を示している場合は3点、そして大部分の仕事をやってのけた（1人いるかいないかの）者は4点とすることを推奨している。

・グループの成績として与えられた得点をメンバーに分配する。グループの得点はメンバーの人数の倍数となっており、この得点が生徒たちに分配して与えられる。

・たとえば、サボる、社会的手抜きをする、課題の未達成など、適切でないグループ行動を処罰する意味で、生徒一人ひとりの成績を加減する措置を取り入れることもできる。

・ジョンストンとマイルズ（Johnston & Miles, 2004）は、生徒の貢献度判定システムを考案している。生徒たちには最初に、最終の成績はグループの取り組みに対する各自の貢献の度合いにより、セルフ・アセスメントとピア・アセスメントによって適切に修正される、と告げられた。それぞれのメンバーは内密に自己採点するとともに、他のチームメンバーによっても次のような基準で3点からマイナス1点が与えられる。すなわち、多大な貢献の場合3点、一定の貢献2点、わずかな貢献1点、貢献なし0点、グループ活動を妨害した場合マイナス1点、である。そして、グループの平均値に対する各メンバーの評点の比率（これを各自の貢献度の指標とする）を計算し、提出されたレポートの得点に掛け合わせるのである。したがって、もしある生徒の貢献の度合いがグループの平均よりも大きな場合には、この比率は1・0を超える数値となり、提出レポートの得点は割り増しとなる。こうした貢献度判定は最終成績にそれほど影響を与えるわけではないが、グループ活動の過程におけるそれぞれのメンバーの貢献に、かなり積極的な効果をもたらしてくれる。生徒たちはメンバーによるピア・アセスメントに真剣に取り組んで、各メンバーの貢献度をはっきりと識別していた。

・チェンとワレン（Cheng & Warren, 2000）も類似した方法を用いている。彼らは生徒たちに、グループに対するそれぞれの貢献の程度を推定するよう求め、「最終的なグループ得点×個人ごとの重みづけ係数」によって、加重された各自の得点としている。ここでの個人ごとの重みづけ係数は、「個々人の貢献の評点÷グループメンバーの貢献の平均評点」として算出する。したがって、もしある生徒の貢献が10段階の4点と査定され、全員の貢献度査定の平均値が10段階の6点だったとしたら、重みづけの係数は4/6となる。そしてこの生徒の最終得点は、グループの得点が7/10だった場合、7/10 × 4/6 ＝5（4.67 を切り上げて）ということになる。

次に示す「協働をアセスメントする4つの重要質問項目」（表8-4）は、社会的学習の中心的要素をなすものであり、生徒たちがどこまで「学びの社会的側面のもつ多大な力と、共通の理解、討論、集団での取り組みを通して、互いの学びを高める必要性と欲求」（McDowell, 2019, p.57）を認識しているか、そしてその力を活用できるか、を知るためのものである。

アセスメントから得られたデータは、形成的および累積的(cumulative)な評価にも用いることができる。形成的評価として利用する場合、それにより生徒の学習にとって効果的な次なるステップについて、教師はその時々に応じた決定をくだすことができる。もちろん、教師はまた、さらに長期間にわたる学習についての判断もしなければならないだろう。鍵となるのは、評価主体として考えることである。生徒がなした経験の影響はどう

表 8-4　協働をアセスメントする 4 つの重要質問項目（McDowell, 2019）

協働の規準	鍵となる質問項目
後押しする	・メンバーは私の考えをどう後押ししてくれるだろうか ・自分の学びを深めるためにどんなフィードバックが得られるだろうか ・メンバーは私の考えをどのように補強したり，挑戦したりしてくれるだろうか ・私は，仲間にそうしてほしいと言わずに，その考えを前に推し進めるにはどうしたらいいだろうか
引き出す	・メンバーの考えを引き出して前へと進めるためにどんな援助をしたらいいだろうか ・仲間の学びを引き出して前進させるにはどのようにしたらいいだろうか
推し進める	・新しい考えや解決策をグループとして前へと推し進めるには，私たちはどうしたらいいだろうか ・よりよい解決策を一緒になって創出するためにメンバーそれぞれの考えを，私たちはどのように称え，挑んだらいいのだろうか ・潜在的な誤解を押さえ込み，矛盾点を探り，モデルとしたひな形（たとえば，比喩のような）の効用と限界を理解するには，私たちはどうすべきだろうか
立ち止まってみる	・どのようにして私たちは，自分たちの考えを一時棚上げして他の人たちの考えに耳を傾ければいいだろうか ・自らの当初の意見をいったん留保し，他の人たちを援助することをよく考えてみるには，私たちはどうしたらいいだろうか

いったものなのか、そして学びをより確たるものにするためには次に何が必要なのか。次の最終章では、この本の主旨とコレクティブ・エフィカシーに焦点を当てることの有用性について、まとめることにしよう。

Chapter 9 生徒のコレクティブ・エフィカシーの可能性

コレクティブ・エフィカシー、つまり、私たちがペア、グループ、チームで目標を達成する能力に自信をもっているという信念を育むために必要な3つの核心的な特性を再確認することから始めよう。

1. 各生徒がチームの一員として、課題にうまく貢献したり、活動を達成したりするための「能力や心性に自信をもつ」必要がある（グループに貢献する個々人のエフィカシー）
2. 各生徒が「自分自身のために、チームの全員と一緒に活動するスキル」をもつ必要がある（チームで取り組むためのスキルにおける個々人のエフィカシー）
3. 各生徒が一連の最善の行動を組織し、実行するための「チームの集団的な能力に対する自信や共通の信念」をもつ必要がある（グループで活動する生徒の潜在能力に対する個々人の自信とスキル）

生徒がセルフ・エフィカシー（自己効力感）とコレクティブ・エフィカシー（集合的効力感）を

信じ、個人と集団のスキルを高め、個人とグループに対して学習のねらいと達成規準を明確にし、適切な課題を作成し、アセスメントのプロセスの透明化を図るのに、教師の役割はきわめて重要である。全章を通じて述べたように、多くの場合、具体的な2つの達成規準、2つのアセスメント（個人用とグループ用、そしてこれらが可能なかぎり補完的である）があるときに、生徒にとってより有効で透明性の高いものとなる。

多くの研究が、個人とグループ双方での生徒に対する教師の期待と、その教師の期待が生徒の相互作用と経験に及ぼす影響を示唆している（Rosenthal & Jacobsen, 1968; Boser, Wilhelm & Hanna, 2014; Rubie-Davies, 2015など）。低い期待は、習熟度別グループ編成、ため息などの身体言語、声のトーン、成績優秀者に対する批判的なフィードバックと比べ、成績の悪い生徒が成功したときの興奮した褒め言葉で伝えられることが多い。この低い期待はセルフ・エフィカシーを低レベルにとどめてしまう。セルフ・エフィカシーの低さが成績不振を招き、それが教師やグループの仲間からの期待の低さに拍車をかけ、悪循環が続くことになる。この自己成就的予言*1はもっと有効に活用することができる。

*1 自分でこうなるのではないかという予期をすると、それが思い込みでも、それを実現する行動をとることで現実として成就することを意味する心理学用語。

生徒が達成できると教師が信じるとき、生徒はより一層努力し、さらに支援を受け、自分自身に対する信念に肯定的な影響を与えるように行動する。さらに、肯定的な自己評価やアイデンティティを自分のものとし、それによって、自分自身の成功の可能性を高めるよう行動するようになる。

(Donohoo & Katz, 2019)

生徒と教師にとってのメリット

学校におけるペアワークやグループワークは、コレクティブ・エフィカシーのスキルを伸ばすための手段である。これらの方略の有効性に関する豊富な文献は、このペアリングとグループワークが次の方法で役立つことを証明している。その方法とは、学習と概念発達、学校の成績、学習への取り組み、課題にかける時間、対話、オラシー能力*2の発達、批判的・創造的・分析的な思考力、動機や態度、仲間と意見や考えを表現して説明するための自信、仲間との関係である。特に、ペアワークとグループワークに関する4年間の「SPRinGプロジェクト」(Baines et al., 2016)は、学級での協力を通したコレクティブ・エフィカシーの効果を強調するうえで重要であった。

学習や活動上の関係に影響を及ぼすグループワークがもつ可能性と、学校でのグループワークの限定的な活用との間の大きなギャップを埋めるために、SPRinG (Social Pedagogic Research into Group-work) プロジェクトが結成された。このプロジェクトでは、グループのスキルの発展に焦点を当てたプログラムを受けた21の学級の生徒（１６８７人）と、40の対照群が参加した。

このプロジェクトには2つの目的がある。一つは、教師と協力してグループワークやペアワークの質を高める方略を開発すること、もう一つは、これらの方略が生徒の達成、学習、行動、学校に対する態度に改善をもたらすかどうかを評価することである。グループワークは、カリキュラムや学年を問わず適用され、教師との協力においてなされた。このプログラムは、次の４つの基本方針に基づいていた。

1. 学級や生徒集団は、方略的に組織・運営される必要がある
2. グループワークのスキルを伸ばす必要がある
3. グループワーク活動は、グループワークを促進しなくてはならない
4. 大人は、グループの相互作用を管理するのではなく、生徒の自立と相互依存関係を促すさまざまな役割を担うべきである

SPRinGのプログラムを受けた学級は、対照群のグループと比較して、グループワークが増加し、

＊2 オラシー（oracy）は、１９６０年頃から使用されるようになった oral と literacy を組み合わせた造語で、話し言葉で表現したり、理解したりする能力を意味する。

個人ワークが減少した。その結果、課題に没頭したやりとりが2倍となり、よりすぐれた継続的なやりとりと「推論による高度な対話」（使える情報の域を超えた論理的思考）、より抑制的な教師の指示、よりバランスのとれた生徒の貢献度の評価とアセスメント、よりすぐれた生産性がもたらされた。そして、グループで活動するためのスキルと自信を生徒に教えることで、次のことが可能になった。

- 学習到達度の向上、より深い概念理解と推論的思考
- より多くの個人的責任を担うようになるといった生徒の行動の改善
- 継続的、活動的に学習に取り組むグループワークが2倍、高度で思慮深い話し合いが2倍以上になる
- 教師の専門的なスキルと自信の向上と、指導の

表 9-1　協働の文化：全員にとってのメリット（Claxton & Carlzon, 2019）

生徒にとってのメリット	教師にとってのメリット
・自立と相互依存関係を強める ・ソーシャルスキルを訓練する ・話すスキルと聞くスキルを向上する ・支え合う学級と相互尊重を育成する ・セルフ・エフィカシーを強化する ・学級のまとまりをつくりだす ・インクルージョンを支援する ・競争から協同へと学級を変える ・共有された成果と理解を創造する ・問題には通常多くの解決策があると生徒が理解できるようになる ・共感を深め，柔軟性を高める ・新しい友情関係のきっかけとなる ・現実世界を学びに反映させる	・最も必要とされるところで教師が支援できるようになる ・生徒同士の絆が深まるので，取り組まなくてはならない行動上の問題が少なくなる ・生徒が信頼されていると感じるので，行動が改善する ・より楽しく，よりリラックスした学級を創造する ・より多くの責任を生徒が分かち合うので，ストレスや活動の負担が減る。 ・学習者としての生徒の成長が可視化されるので，仕事の満足感が増す

レパートリーの拡大

クラクストンとカールソン（Claxton & Carlzon, 2019）は、十分な試行を重ね、表9－1に示すように、教師と生徒双方のメリットを明らかにしており、教師は意図的に協力の文化を構築するよう働きかけるべきだと提案している。

実り多い協力の刺激的な成果には、コレクティブ・エフィカシーだけでなく、その後に個人活動をする際に、グループ内の各自のセルフ・エフィカシー（自己効力感）も向上することがある。

Point! コレクティブ・エフィカシーは、グループだけでなく、個人の自信も高めることにつながるのだ。

訳者代表あとがき

本書は、オーストラリア・メルボルン大学名誉教授ジョン・ハッティ、アメリカ・サンディエゴ州立大学教授ダグラス・フィッシャー、同大学教授ナンシー・フレイ、イギリス・グリニッジ大学名誉博士シャーリー・クラークのコラボレーションにより、2021年にコーウィン社から刊行された"*Collective Student Efficacy: Developing Independent and Inter-Dependent Learners*"を邦訳出版したものである。Collective Efficacyについては、先行研究において「集合的効力感」や「集団的効力感」「集団効力感」などの訳語が用いられてきたが、Self-Efficacyには「セルフ・エフィカシー（自己効力感）」の訳語を充てることが多いことから、これに倣い本書のタイトルは『コレクティブ・エフィカシー』とした。

日本でも多方面で取り上げられるようになった「セルフ・エフィカシー」は、カナダの心理学者アルバート・バンデューラ（Bandura, A.）によって提唱された概念である。これは、「自分がある状況におかれても必要な行動をうまく遂行できるかという自己の可能性の認知」＝自信や確信を指している。つまり、ある結果（達成）を生み出すために取るべき行動や一連のやり方を適切に行なうことができるという確信がどの程度かを認知することである。この遂行できることへの確信の認知は、個人レベルだけでなく、集団レベルでも存在すると考えるのがコレクティブ・エフィカシー（集合的効力感）である。これら2つのエフィカシーは、自制心やグリッド（やり抜く力）とともに、非認知能力の主要な構成要素として広く認められてきている。

コレクティブ・エフィカシー（集合的効力感）のほうはセルフ・エフィカシーよりも馴染みが薄いかもしれないが、同じくバンデューラにより考案された用語である。「グループの力量についての確信が、より大きな成功と関連するようだという考察」に基づき、「人が自分のチームに寄せる安心感や信頼が、チーム全体のパフォーマンスに影響を与える」ということであり、これは「チームの活動の成果に対する確信だけでなく、チームで活動することで成果を高めることができるという確信」（本書026頁）のことを指す。

2つのエフィカシーは、アクティブラーニング（主体的、対話的・協働的で深い学び）のバックグランドで駆動する能力である。主体的な学びのバックグランドで駆動する能力（＝自己効力感／セルフ・エフィカシー）と、対話的で協働的な学びのバックグランドで駆動する能力（＝集合的効力感／コレクティブ・エフィカシー）を両輪的に育成することが、現在求められている学びの構図を実現する近道でもある。これらの能力の育成は、確かな学びから、他者との関係性を意識しながら自ら調整し進めていく豊かな学びへとブラッシュアップを図ろうとしている日本の学校教育に期待されていることでもある。

「『令和の日本型学校教育』の構築を目指して（答申）」では、「全ての子供たちの可能性を引き出す、個別最適な学びと、協働的な学び」の一体的な充実が求められた。対話的で協働的な学びの広がりとともに重要性が認識されてきたのが、本書のタイトルになっている「コレクティブ・エフィカシー」である。原著書の表題には、“*Developing Independent and Inter-Dependent Learners*（自立的で相互依存的な学習者を育てる）”という副題が付されているように、「個別最適な学びと協働的な学び」が脚光を浴びる今、まさに時機に適った一書といえよう。

国立国会図書館サーチで検索すると、自己効力感（セルフ・エフィカシー）のほうは6000件を超えるヒット数があるにもかかわらず、「コレクティブ・エフィカシー」「集合的効力感」「集団的効力感」のほうは40数件（2023年6月現在）しかなく、しかもそれは主にスポーツ領域での先行研究で占められていた。「対話的で協働的な学び」のバックランドで駆動する非認知能力に着目した本邦訳書は、わが国におけるその先駆的な文献になりうるだろう。

本書の内容は、ハッティが長年取り組んできた学習の可視化研究のエビデンスに基づいている。これについては、ハッティらにより教育効果を高めるエキスを濃縮した『スクールリーダーのための教育効果を高めるマインドフレーム：可視化された学校づくりの10の秘訣』（北大路書房、2022年）において、教師集団に兼ね備えてほしいコレクティブ・エフィカシーは、以下のように説明されている。

「グループの力と、チームの相互作用の一翼を担う対話の有効性は、教師のコレクティブ・エフィカシーの効果量で示され、それは1・39である（Hattie, J. (2019). *Visible Learning: 250+ influences on student achievement.* Thousand Oaks, CA: Corwin.）。ジェニー・ドノフー（Jenni Donohoo）が（中略）論じたように、教師のコレクティブ・エフィカシーは複雑な概念であるが、学習への影響を考えると、育成する価値がある」（同128頁）という。その理由として、この教師グループは、生徒が学習でき達成できるという信念（ビリーフ）を有し、教師グループが生徒の学びを保証する力（スキル、知識、信念）があると確信していることを指摘し、「教師グループが成功と達成を経験すると、その成功が外部の力ではなく、自分たちの行動によるものと考えるようになる」（同128-129頁）からだというのである。端的にいえば、「各個人でやるよりもグループのほうがよい結果を生み出せると確信すること」（本書035頁）を指す。長年にわたり構築されてきた学習の可視化研究や学習科学の確かな知見に基づき、このコレクティブ・エフィカシーを最大化するための条件を明確に説いているのが本書『コレクティブ・エフィカシー』である。

OECD Education 2030プロジェクトで注目をあびている「エージェンシー(Agency)」や「レジリエンス」についても、ハッティらのこれまでの研究成果に基づき独自の視点からの展開がなされているし、コレクティブ・エフィカシーを育成する「授業デザイン」とアセスメントまで論及されている。「私（I）スキル」と「私たち（We）スキル」の相互作用的な高まりを論じる本書は、アクティブラーニングの導入を経て、個別最適な学びと協働的な学びの一体的な充実を図ろうとしている現在において、その実施方法のノウハウには飽き足らず、教育効果の確かな裏づけを知りたいと願う読者が手ごたえを感じながら読み進めることができる内容に仕上がっていると確信する。

これまで「自己効力感（セルフ・エフィカシー）」や「非認知能力」の育成に関心を寄せたり、「対話的で協働的な学び」や協同学習の5つの基本要素の教育効果に期待したりしてきた読者層に対し、本書が教育実践をさらに深めるための次なる探究に向かう橋渡しになればと願っている。

このチャレンジングなタイトルが掲げられた邦訳版の出版を快く引き受けてくださった北大路書房、そして編集の労をとってくださった若森乾也氏に御礼を申し上げたい。

2023年7月6日

訳者を代表して　原田 信之

索　引

【人名索引】

［ア］
アドラー, M. J.（Adler, M. J.）　103
アルワース, J.（Allworth, J.）　059
アレクサンダー, R.（Alexander, R.）　098
ウィリアムズ, K. D.（Williams, K. D.）　041
ウィルキンソン, I. A.（Wilkinson, I. A.）　105
ウェッブ, N. L.（Webb, N. L.）　164
エールズ, R.（Eells, R.）　028
エルダー, G. H.（Elder, G. H.）　075
エレス, M.（Erez, M.）　154

［カ］
カールソン, B.（Carlzon, B.）　202, 235
カッツ, S.（Katz, S.）　139
カッツ・ナヴォン, T. Y.（Katz-Navon, T. Y.）　154
ガニエ, R. M.（Gagné, R. M.）　164
ガモラン, A.（Gamoran, A.）　098
カラウ, S. J.（Karau, S. J.）　041
ガリー, S. M.（Gully, S. M.）　154
キャス, A.（Cass, A.）　194
グッツォ, R. A.（Guzzo, R. A.）　040, 125, 127
クラーク, S.（Clarke, S.）　124, 196, 200
クラクストン, G.（Claxton, G.）　202, 235
クリステンセン, C.（Christensen, C.）　059
コリス, K. F.（Collis, K. F.）　164

［サ］
サドラー, D. R.（Sadler, D. R.）　167, 175
サン, E. H.（Son, E. H.）　105
シア, G. P.（Shea, G. P.）　040, 125
シェルマー, M.（Shermer, M.）　109, 113
シチリアーノ, J.（Siciliano, J.）　179, 180
シュワーブ, L.（Schwabe, L.）　081
ジョンストン, L.（Johnston, L.）　226
ジョンソン, D. W.（Johnson, D. W.）　035
ジョンソン, R. T.（Johnson, R. T.）　035
シンクレア, A.（Sinclair, A.）　105
スレイヴン, R. E.（Slavin, R. E.）　169

[タ]
タルスマ, K.（Talsma, K.） 075
ダンロスキー, J.（Dunlosky, J.） 056
チェン, W.（Cheng, W.） 227
チューリング, A.（Turing, A.） 002
デイヴィス, M.（Davies, M.） 105
ディロン, K.（Dillon, K.） 059
デミング, D. J.（Deming, D. J.） 001, 002
ドノヒュー, G. M.（Donoghue, G. M.） 145, 147
ドノフー, J.（Donohoo, J.） 139

[ナ]
ナットホール, G.（Nuthall, G.） 067, 177
ニクレム, K.（Knickrehm, K.） 225, 226
ニストランド, M.（Nystrand, M.） 098
ネイヴァ, V. F.（Nieva, V. F.） 200
ノリス, B. D.（Norris, B. D.） 028

[ハ]
ハーグリーブス, A.（Hargreaves, A.） 031
ハッティ, J.（Hattie, J.） 104, 124, 145, 147
バンデューラ, A.（Bandura, A.） 026, 034, 045, 056, 057, 075, 108
ビッグス, J. B.（Biggs, J. B.） 164
ヒットリン, S.（Hitlin, S.） 075
ピナ・ネヴェス, S.（Pina-Neves, S.） 015
ビリングズ, L.（Billings, L.） 103
ピンク, D. H.（Pink, D. H.） 138
ファーガソン, R. F.（Ferguson, R. F.） 076
ファリア, L.（Faria, L.） 015
フォーゲル, S.（Vogel, S.） 081
ブルーム, B. S.（Bloom, B. S.） 164
フレイレ, P.（Freire, P.） 106
ベインズ, E.（Baines, E.） 187
ベネット, N.（Bennett, N.） 194
ボルバ, M.（Borba, M.） 119

[マ]
マーフィ, S. K.（Murphy, S. K.） 220
マイルズ, L.（Miles, L.） 226
マクダウェル, M.（McDowel, M.） 137
マローン, T.（Malone, T.） 117
マンカスター, K.（Muncaster, K.） 200

[ヤ]
ヤング, G. F.（Young, G. F.）　124

[ラ]
ラングリン, P. R.（Laughlin, P. R.）　186
リー, C.（Lee, C.）　125
リンゲルマン, M.（Ringelmann, M.）　184, 185
レイサム, G. P.（Latham, G. P.）　169
レーティ, H.（Räty, H.）　015
ロウ, L.（Rowe, L.）　117
ローソン, K. A.（Rawson, K. A.）　056
ロック, E. A.（Locke, E. A.）　169
ロバーツ, T.（Roberts, T.）　103

[わ]
ワレン, M.（Warren, M.）　227

【事項索引】

[A ～ Z]
RAFT 方略　122

SPRinG プロジェクト　232

[あ]
アイコンタクト　039, 087, 092
アイデンティティ・エージェンシー　075
足場かけ　112
アセスメント　029, 034, 037, 043, 134, 136, 164, 213, 222, 228, 231

異質グループ　194
意図的な練習　147, 148
インクルージョン　234

エージェンシー　046, 054, 074, 075, 079
エフィカシー　127
エンゲージメント　148

応用可能なスキル　008
オラシー能力　232

[か]
概念的知識　165
解放教育学　106
学習方略　145, 147
学修目標　168, 178
可視化された学習　023, 029, 033, 146

記憶術　148
既有知識　144, 148
教育目標分類学（タキソノミー）　164
共感力　118-121
教授学の極意　045
協働学習　032, 120, 132, 148, 160, 194
協同学習　034, 035
協同学習の基本要素　035
協働的な問題解決　043

グラフィック・オーガナイザー　048
グリット　081
グループ学習　168
グループサイズ　186
グループワーク　034, 037, 046, 169, 215, 224, 232, 233
群衆の知恵　024, 025

形成的アセスメント　166
形成的評価　166, 216, 220, 228
形成的フィードバック　044
傾聴スキル　039, 087

効果量　060, 061, 146, 174
貢献度判定システム　226
肯定的（な）相互依存関係　035, 154
互恵的な相互依存関係　206
コミュニケーション・スキル　046, 054, 087, 088, 092, 093
ゴルディロックスの原理　036, 067, 170
コレクティブ・エフィカシー　109, 125, 132, 230, 235
コレクティブ・マインドフレーム　021

[さ]
360 度フィードバック　217

ジグソー法　009, 056, 148, 151, 155, 156, 158, 159, 186
思考発話法　009
自己成就的予言　231
自己調整　072, 077, 147
事実的知識　165
実存的エージェンシー　075
実利的エージェンシー　075

視点取得のスキル　121
社会的感受性　001, 003, 040, 042, 047, 116-118, 123, 125, 181, 186
社会的スキル　001, 003, 035, 182
社会的説得　211
社会的相互作用　003, 170
社会的手抜き　031, 041, 042, 044, 158, 169, 179, 186, 200, 204, 224, 226
社会的比較　036, 156
社会的目標　168
社会的モデリング　075
収穫逓減の法則　185
集合的信念　126
集合的知性　117, 118, 120
習熟度別グループ編成　231
受動的攻撃行動　031

スキルシート　092
スクールリーダー　119
ストレッサー　063, 081

精緻化　148
成長マインドセット　046, 081, 200
セルフ・アセスメント　180, 181, 217, 226
セルフ・アセスメントツール　050, 054, 102
セルフ・エフィカシー（自己効力感）015, 036, 042, 045, 054, 056, 057, 059, 067, 077, 139, 148, 162, 199, 206, 230, 231, 234, 235
潜在力　040, 125, 126

総括的評価　216, 220
相互依存関係　125, 142, 153, 155, 161, 171, 178, 225, 234
相互依存関係のスキル　139, 211
相互教授法　148, 187
相互評価のルーブリック　225
ソーシャルスキル　234
ソクラテスセミナー　103, 104

[た]
対処方法　046
代理経験　211
達成規準　009-011, 029, 034, 043, 136, 141, 152, 161, 167, 168, 170, 171, 174, 175, 182, 195, 196, 207, 231

チーム・エフィカシー　125, 126
チーム・パフォーマンス　154
チューリングテスト　002

テキスト解釈　111
手続き的知識　165

トーキングスティック　100
道徳的スキル　174

[な]
ニクレム法　225
21世紀型スキル　043

[は]
パイデイア法　103, 105

ピア・アセスメント　217, 218, 226, 227
ピア・チュータリング　148, 191
ピア評価　195
ピア・モデル　063
ピア・レビュー　197
非言語的スキル　039, 087

ファシリテーター　201
フィードバック　031, 038, 042, 047, 054, 058, 067, 072, 073, 092, 112, 124, 147, 148, 214, 216, 220, 222-224
フィードバックサイクル　074
深い学び　146
フロー　041
分散学習　147

法則的スキル　174

方略モデル　146
ポートフォリオ　220
ボディランゲージ　092

[ま]
マイクロ・フィードバック　073
マインドセット　127

メタ認知　077, 147
メタ認知的知識　165
メタ認知方略　148
メタ分析　028, 042, 145
「目で心を読む」テスト　123
メリーゴーラウンド　013

モデリング　071
モデレータ　029
問題解決型学習　055, 146, 151
問題解決型授業　148

[や]
雪玉ころがし　182

[ら]
ライフコース・エージェンシー　075

リーダーシップ　127, 128
リーディングスランプ　144
リハーサル　147, 148

ルーブリック　096, 097, 131, 217, 218, 223, 224
ルーブリック評価　167

レジリエンス　046, 054, 081, 085, 145

[わ]
ワーキングメモリ　145, 148
話者交替　040, 095, 096, 100, 101, 117

文　献

Adler, M. J. (1998). *Paideia proposal*. Simon and Schuster.

Alexander, R. (2020). *A dialogic teaching companion*. Routledge.

American Psychological Association. (2020, August 26). *Resilience guide for parents and teachers*. https://www.apa.org/topics/resilience-guide-parents

Anderson, L. W., & Bloom, B. S. (2001). *A taxonomy for learning, teaching, and assessing: A revision of Bloom's taxonomy of educational objectives*. Longman.

Aronson, E. (1978). *The jigsaw classroom*. Sage.（アロンソン，E.　松山安雄（訳）(1986).　ジグソー学級：生徒と教師の心を開く協同学習法の教え方と学び方　原書房）

Baines, E., Blatchford, P., & Kutnick, P. (2016). *Promoting effective group work in the primary classroom: A handbook for teachers and practitioners*. Routledge.

Bandura, A. (1977). Self-efficacy: Toward a unifying theory of behavioral change. *Psychological Review*, *84*(2), 191–215.

Bandura, A. (1986). *Social foundations of thought and action*. Prentice Hall.

Bandura, A. (1989). Human agency in social cognitive theory. *American Psychologist*, *44*(9), 1175–1184. https://doi.org/10.1037/0003-066X.44.9.1175

Bandura, A. (1997). *Self-efficacy: The exercise of control*. W. H. Freeman.

Bandura, A., & Walters, R. H. (1977). *Social learning theory* (Vol. 1). Prentice Hall.（バンデュラ，A.　原野広太郎（監訳）(1979.)　社会的学習理論：人間理解と教育の基　金子書房）

Baron-Cohen, S., Wheelwright, S., Hill, J., Raste, Y., & Plumb, I. (2001). The "Reading the Mind in the Eyes" Test revised version: A study with normal adults, and adults with Asperger syndrome or high-functioning autism. *The Journal of Child Psychology and Psychiatry and Allied Disciplines*, *42*(2), 241–251.

Bender, L., Walia, G., Kambhampaty, K., Nygard, K. E., & Nygard, T. (2012). Social sensitivity and classroom team projects: An empirical investigation. In *Proceedings of the 43rd ACM technical symposium on Computer Science Education* (pp. 403–408).

Bennett, N., & Cass, A. (1988). The effects of group composition on group interactive processes and pupil understanding. *British Educational Research Journal*, *15*, 19–32.

Biggs, J. B. & Collis, K. F. (1982). *Evaluating the quality of learning: The SOLO taxonomy (Structure of the Observed Learning Outcome)*. Academic Press.

Billings, L., & Fitzgerald, J. (2002). Dialogic discussion and the Paideia seminar.

American Educational Research Journal, 39(4), 907–941.

Black, P., & Wiliam, D. (1998). Assessment and classroom learning. *Assessment in Education: Principles, Policy & Practice, 5*(1), 7–74.

Blatchford, P., Baines, E., Rubie-Davies, C., Bassett, P., & Chowne, A. (2006). The effect of a new approach to group work on pupil-pupil and teacher-pupil interactions. *Journal of Educational Psychology, 98*(4), 750.

Bloom, B. S. (1956). *Taxonomy of educational objectives. Vol. 1: Cognitive domain.* McKay. 152 Collective Student Efficacy

Bloomberg, P., & Pitchford, B. (2016). *Leading impact teams: Building a culture of efficacy*. Corwin.

Bloomberg, P., Pitchford, B., & Vandas, K. (2019). *Peer power: Unite, learn, and prosper*. Mimi & Todd Press.

Borba, M. (2018). Nine competencies for teaching empathy. *Educational Leadership, 76*(2), 22–28.

Boser, U., Wilhelm, M., & Hanna, R. (2014). *The power of the Pygmalion effect: Teachers expectations strongly predict college completion*. Center for American Progress. https://files.eric.ed.gov/fulltext/ED564606.pdf

Browne, A. (2001). *Voices in the park*. DK Publishing.（ブラウン，A.　久山太市（訳）(2001). こうえんで…4 つのお話　評論社）

Butera, F., Darnon, C., & Mugny, G. (2011). Learning from conflict. In J. Jetten and M. Hornsey. (Eds.), *Rebels in groups: Dissent, deviance, difference, and defiance* (pp. 36–53). Wiley-Blackwell.

Cheng, W., & Warren, M. (2000). Making a difference: Using peers to assess individual students' contributions to a group project. *Teaching in Higher Education, 5*(2), 243–255.

Christensen, C., Allworth, J., & Dillon, K. (2012). *How will you measure your life?* Harper Business.（クリステンセン，C., アルワース，J., ディロン，K.　櫻井祐子（訳）(2012). イノベーション・オブ・ライフ：ハーバード・ビジネススクールを巣立つ君たちへ　翔泳社）

Clarke, S. (2021). *Unlocking learning intentions and success criteria*. Corwin.

Claxton, G., & Carlzon, B. (2019). *Powering up children: The learning power approach to primary teaching.* Crown House Publishing Ltd.

Costa, A., & Kallick, B. (2009). *Habits of mind across the curriculum: Practical and creative strategies for teachers*. ASCD.

Crary, E. (1982). *I want it.* Parenting Press, Inc.

Credé, M., Tynan, M. C., & Harms, P. D. (2017). Much ado about grit: A meta-analytic synthesis of the grit literature. *Journal of Personality and Social Psychology, 113*(3), 492.

Darnon, C., Buchs, C., & Desbar, D. (2012). The jigsaw technique and self-efficacy of vocational training students: A practice report. *European Journal of Psy-*

chology of Education, 27(3), 439–449.

Davies, M., & Sinclair, A. (2014). Socratic questioning in the Paideia Method to encourage dialogical discussions. *Research Papers in Education*, 29(1), 20–43.

Deming, D. J. (2017). The growing importance of social skills in the labor market. *The Quarterly Journal of Economics*, 132(4), 1593–1640.

Dominguez, S., Devouche, E., Apter, G., & Gratier, M. (2016). The roots of turn-taking in the neonatal period. *Infant and Child Development*, 25(3), 240–255.

Donohoo, J., & Katz, S. (2019). *Quality implementation: Leveraging collective efficacy to make "What works" actually work*. Corwin.

Dunlosky, J., & Rawson, K. A. (2012). Overconfidence produces underachievement: Inaccurate self evaluations undermine students' learning and retention. *Learning and Instruction*, 22(4), 271–280.

Eells, R. (2011). *Meta-analysis of the relationship between collective efficacy and student achievement* [Unpublished doctoral dissertation]. Loyola University of Chicago.

Ferguson, R. F., Phillips, S. F., Rowley, J. F. S., & Friedlander, J. W. (2015). *The influence of teaching: Beyond standardized test scores: Engagement, mindsets, and agency*. Harvard University. www.agi.harvard.edu/publications.php

Fisher, D., Frey, N., Amador, O., & Assof, J. (2018). *The teacher clarity playbook, grades K-12: A hands-on guide to creating learning intentions and success criteria for organized, effective instruction*. Corwin.

Fisher, D., Frey, N., & Hattie, J. (2016). *VISIBLE LEARNING® for literacy, grades K–12: Implementing the practices that work best to accelerate student learning*. Corwin.

Fisher, D., Frey, N., Lapp, D., & Johnson, K. (2000) *On-your-feet guide: Jigsaw, grades 4–12*. Corwin.

Freire, P. (1996). *Pedagogy of the oppressed* (revised). Continuum. （フレイレ，P. 三砂ちづる（訳）(2018). 被抑圧者の教育学　亜紀書房）

Gagné, R. M. (1968). Contributions of learning to human development. *Psychological Review*, 75(3), 177.

Gully, S. M., Incalcaterra, K. A., Joshi, A., & Beaubien, J. M. (2002). A meta-analysis of team-efficacy, potency, and performance: Interdependence and level of analysis as moderators of observed relationships. *Journal of Applied Psychology*, 87(5), 819.

Guskey, T. R., & Brookhart, S. M. (2019). *What we know about grading: What works, what doesn't, and what's Next*. ASCD.

Guzzo, R. A., Yost, P. R., Campbell, R. J., & Shea, G. P. (1993). Potency in groups: articulating a construct. *British Journal of Social Psychology*, 32(1), 87–106.

Hargreaves, A. (2001). *Changing teachers, changing times: Teachers' work and culture in the postmodern age*. A&C Black.

Haroutunian-Gordon, S. (1998). A study of reflective thinking: Patterns in interpretive discussion. *Educational Theory*, *48*(1), 33.

Hattie, J. A. Clinton, J. C., Nagle, B., Kelkor, V., Reid, W., Spence, K., Baker, W., & Jaeger, R. (1998). *The first year evaluation of Paideia*. Bryan Foundation and Guilford County Schools.

Hattie, J. A., & Donoghue, G. M. (2016). Learning strategies: A synthesis and conceptual model. *npj Science of Learning*, *1*(1), 1–13.

Heritage, M., & Harrison, C. (2019). *The power of assessment for learning: Twenty years of research and practice in UK and US classrooms*. Corwin.

Hitlin, S., & Elder, G. H. (2007). Understanding agency: Clarifying a curiously abstract concept. *Sociological Theory*, *25*(2), 170–191.

Holler, J., Casillas, M., Kendrick, K. H., & C. Levinson, S. (2016). *Turn-taking in human communicative interaction*. Frontiers Media SA.

Johnson, D. W., & Johnson, R. T. (2009). An educational psychology success story: Social interdependence theory and cooperative learning. *Educational Researcher*, *38*(5), 365–379.

Johnston, L., & Miles, L. (2004). Assessing contributions to group assignments. *Assessment & Evaluation in Higher Education*, 29(6), 751–768.

Karau, S. J., & Williams, K. D. (1993). Social loafing: A meta-analytic review and theoretical integration. *Journal of Personality and Social Psychology*, *65*(4), 681.

Katz-Navon, T. Y., & Erez, M. (2005). When collective- and self-efficacy affect team performance: The role of task interdependence. *Small Group Research*, *36*(4), 437–465.

Kim, M., & Shin, Y. (2015). Collective efficacy as a mediator between cooperative group norms and group positive affect and team creativity. *Asia Pacific Journal of Management*, *32*(3), 693–716.

Kravitz, D. A., & Martin, B. (1986). Ringelmann rediscovered: The original article. *Journal of Personality and Social Psychology*, *50*(5), 936–941. https:// doi.org/10.1037/0022-3514.50.5.936

Krull, K. (2003). *Harvesting hope: The story of Cesar Chavez*. Houghton Mifflin Harcourt.

Kyriacou, C., & Issitt, J. (2008). *What characterises effective teacher–initiated teacher–pupil dialogue to promote conceptual understanding in mathematics lessons in England in Key Stages 2 and 3: a systematic review*. EPPI-Centre.

Laughlin, P. R., Hatch, E. C., Silver, J. S., & Boh, L. (2006). Groups perform better than the best individuals on letters-to-numbers problems: Effects of group size. *Journal of Personality and Social Psychology*, *90*(4), 644.

Lee, C., Farh, J.-L., & Chen, Z. (2011). Promoting group potency in project teams: The importance of group identification. *Journal of Organizational Behavior*,

32(8), 1147–1162.

Locke, E. A., & Latham, G. P. (2006). New directions in goal-setting theory. *Current Directions in Psychological Science*, *15*(5), 265–268.

Louie, A. L. (1996). *Yeh-Shen: A Cinderella story from China.* Penguin.

Maclellan, E. (2014). How might teachers enable learner self-confidence? A review study. *Educational Review*, *66*(1), 59–74.

Martin, R. (1992). *The rough-face girl.* Penguin.

McDowell, M. (2019). *Developing expert learners: A roadmap for growing confident and competent students.* Corwin.

Muncaster, K., & Clarke, S. (2016). *Growth mindset lessons: Every child a learner.* Rising Stars UK Limited, Hodder Education Group.

Murphy, S. K. (2015). *Student conceptions of effective classroom discourse* [Unpublished master's thesis]. University of Melbourne.

Nieva, V. F., Fleishman, E. A., & Rieck, A. (1978). Team dimensions: Their identity, their measurement, and their relationship (DTIC Research Note 85–12).

Norris, B. D. (2018). *The relationship between collective teacher efficacy and school-level reading and mathematics achievement: A meta-regression using robust variance estimation.* [Unpublished doctoral dissertation]. The University of Buffalo.

Nuthall, G. (2007). *The hidden lives of learners*. NZCER Press.

Nystrand, M., & Gamoran, A. (1997). The big picture: Language and learning in hundreds of English lessons. *Opening dialogue: Understanding the dynamics of language and learning in the English classroom* (pp. 30–74). Teachers College Press.

Nystrand, M., Wu, L. L., Gamoran, A., Zeiser, S., & Long, D. A. (2003). Questions in time: Investigating the structure and dynamics of unfolding classroom discourse. *Discourse Processes*, *35*(2), 135–198.

Orellana, P. (2008). *Maieutic frame presence and quantity and quality of argumentation in a Paideia Seminar* [Unpublished doctoral dissertation] University of North Carolina, Chapel Hill.

Palincsar, A. S., & Brown, A. (1984). Reciprocal teaching of comprehensionfostering and comprehension-monitoring activities. *Cognition and Instruction*, *1*(2), 117–175.

Panadero, E., & Järvelä, S. (2015). Socially shared regulation of learning: A review. *European Psychologist*, *20*, 190–203.

Panitz, T. (1999). The motivational benefits of cooperative learning. *New Directions for Teaching and Learning*, *78*, 59–67.

Pfost, M., Hattie, J., Dörfler, T., & Artelt, C. (2014). Individual differences in reading development: A review of 25 years of empirical research on Matthew effects in reading. *Review of Educational Research*, *84*(2), 203–244.

Phan, H. P., & Ngu, B. H. (2016). Sources of self-efficacy in academic contexts: A longitudinal perspective. *School Psychology Quarterly*, *31*(4), 548.

Pihlgren, A. S. (2008). *Socrates in the classroom: Rationales and effects of philosophizing with children* [Unpublished doctoral dissertation]. Pedagogiska institutionen.

Pina-Neves, S., Faria, L., & Räty, H. (2013). Students' individual and collective efficacy: Joining together two sets of beliefs for understanding academic achievement. *European Journal of Psychology of Education*, *28*(2), 453–474.

Pink, D. H. (2011). *Drive: The surprising truth about what motivates us.* Penguin.（ピンク，D. H.　大前研一（訳）(2010). モチベーション 3.0：持続する「やる気！（ドライブ!)」をいかに引き出すか　講談社［原著の初版は 2009］）

Ringelmann, M. (1913). Appareils de cultur mecanique avec treuils et cables (resultats d'essais) [Mechanical tilling equipment with winches and cables (results of tests)]. *Annales de I'lnstitut National Agronomique, 2e serie—tome XII*, 299–343.

Ris, E. W. (2015). Grit: A short history of a useful concept. *Journal of Educational Controversy*, *10*(1), 3.

Roberts, T., & Billings, L. (1999). *The Paideia classroom: Teaching for understanding*. Eye on Education.

Roberts, T., & Trainor, A. (2004). Performing for yourself and others: The Paideia coached project. *Phi Delta Kappan*, *85*(7), 513–519.

Robinson, V. M. (2006). Putting education back into educational leadership. *Leading and Managing*, *12*(1), 62.

Robinson, V. M. J., & Lai, M. K. (2006). *Practitioners as researchers: Making it core business*. Corwin.

Rogat, T. K., & Linnenbrink-Garcia, L. (2011). Socially shared regulation in collaborative groups: An analysis of the interplay between quality of social regulation and group processes. *Cognition and Instruction*, 29(4), 375–415.

Rosenthal, R., & Jacobsen, L. (1968). *Pygmalion in the classroom: Teacher expectations and pupil's intellectual development*. Holt, Rinehart, and Winston.

Rowe, L. (2019). *Exploring collective intelligence in human groups* [Unpublished doctoral dissertation]. The University of Melbourne.

Rubie-Davies, C. (2015). *Becoming a high expectation teacher: Raising the bar.* Routledge.

Sadler, D. R. (1989). Formative assessment and the design of instructional systems. *Instructional Science*, *18*(2), 119–144.

Sampson, R. J., Raudenbush, S. W., & Earls, F. (1997). Neighborhoods and violent crime: A multilevel study of collective efficacy. *Science*, *277*(5328), 918–924.

Santa, C., & Havens, L. (1995). *Creating independence through student–owned strat-*

egies: Project CRISS. Kendall-Hunt.

Shea, G. P., & Guzzo, R. A. (1987). Groups as human resources. *Research in Personnel and Human Resources Management*, *5*, 323–356.

Shermer, M. (2011). *The believing brain: From ghosts and gods to politics and conspiracies—How we construct beliefs and reinforce them as truths*. Macmillan.

Siciliano, J. (1999). A template for managing teamwork in courses across the curriculum. *Journal of Education for Business*, *74*(5), 261–264.

Slavin, R. E. (2010). Co-operative learning: What makes group-work work. *The Nature of Learning: Using Research to Inspire Practice*, 161–178.

Steiner, I. D. (1972). *Group process and productivity*. Academic Press.

Stirin, K., Ganzach, Y., Pazy, A., & Eden, D. (2012). The effect of perceived advantage and disadvantage on performance: The role of external efficacy. *Applied Psychology*, *61*(1), 81–96.

Talsma, K., Schüz, B., Schwarzer, R., & Norris, K. (2018). I believe, therefore I achieve (and vice versa): A meta-analytic cross-lagged panel analysis of self-efficacy and academic performance. *Learning and Individual Differences*, *61*, 136–150.

van Zundert, M., Sluijsmans, D., & van Merrienboer, J. (2010). Effective peer assessment processes. *Research findings and future directions*, *20*(4), 270–279.

Vogel, S., & Schwabe, L. (2016). Learning and memory under stress: Implications for the classroom. *npj Science of Learning*, *1*(1), 1–10.

Webb, N. L. (2002, March 28). Depth-of-knowledge levels for four content areas. Language Arts. Wisconsin Center for Educational Research. http://ossucurr.pbworks.com/w/file/fetch/49691156/Norm%20web%20dok%20by%20subject%20area.pdf

Wilkinson, I. A., & Son, E. H. (2010). A dialogic turn in research on learning and teaching to comprehend. *Handbook of Reading Research, Volume IV*, 359.

Woolley, A. W., Aggarwal, I., & Malone, T. W. (2015). Collective intelligence and group performance. *Current Directions in Psychological Science*, *24*(6), 420–424.

Young, G. F., Scardovi, L., Cavagna, A., Giardina, I., & Leonard, N. E. (2013). Starling flock networks manage uncertainty in consensus at low cost. *PLoS Computational Biology*, *9*(1), e1002894.

■訳者代表紹介

原田 信之（はらだ・のぶゆき）

名古屋市立大学大学院人間文化研究科　教授（博士・教育学）

日本学校教育学会会長，日本協同教育学会理事

〔研究滞在〕 ドイツ学術交流会（DAAD）客員研究員（1994年エッセン総合大学，2000-01年ヒルデスハイム大学），オルデンブルク大学招聘客員教授（2004-05年），ハレ大学招聘客員教授（2010年）

〔主要著訳書〕

『ドイツの学力調査と授業のクオリティマネジメント：格差是正のフィードバックシステムの解明』 風間書房　2023年

『スクールリーダーのための教育効果を高めるマインドフレーム：可視化された学校づくりの10の秘訣』ジョン・ハッティ，レイモンド・スミス編著（訳者代表）北大路書房　2022年

『学校教育を深める・究める』（編集代表） 三恵社　2022年

『教師のための教育効果を高めるマインドフレーム：可視化された授業づくりの10の秘訣』ジョン・ハッティ，クラウス・チィーラー著（訳者代表）北大路書房 2021年

『教育効果を可視化する学習科学』ジョン・ハッティ，グレゴリー・イエーツ著（訳者代表）北大路書房　2020年

The Teaching of the History of One's Own Country（分担執筆）Wochenschau 2020年

『カリキュラム・マネジメントと授業の質保証』（編著）北大路書房　2018年

『学習に何が最も効果的か』ジョン・ハッティ著（訳者代表）あいり出版　2017年

『ドイツの協同学習と汎用的能力の育成』あいり出版　2016年

『ドイツ教授学へのメタ分析研究の受容：ジョン・ハッティ「可視化された学習」のインパクト』（共編著）デザインエッグ　2015年

『ドイツの統合教科カリキュラム改革』ミネルヴァ書房　2010年

『リニューアル　総合的な学習の時間』（共編著）北大路書房　2009年

『総合的な学習の時間』（編著）ぎょうせい　2008年

『確かな学力と豊かな学力』（編著）ミネルヴァ書房　2007年

『授業方法・技術と実践理念』（編訳）北大路書房　2004年

『21世紀の学校をひらくトピック別総合学習』（共編著）北大路書房　1999年

『子どもが生きている授業』（共編著）北大路書房　1994年　他多数

■訳者一覧

原田　信之（訳者代表）……………………………… 邦訳版の刊行に寄せて，0章，1章，2章，5章，訳者代表あとがき

笹山　郁生 福岡教育大学教育学部……………… 3章

宇都宮明子 島根大学教育学部…………………… 4章，9章

石田　裕久 南山大学名誉教授…………………… 6章，8章

長濱　文与 三重大学高等教育デザイン・推進機構… 7章

ナンシー・フレイ　Nancy Frey

ナンシー・フレイ博士（PhD）は，サンディエゴ州立大学の教育リーダーシップ部門の教授であり，ヘルスサイエンス中・高カレッジの指導者でもある。公立学校で特別支援教育の教師，読書専門家，管理職を歴任。プロフェッショナル・ラーニング・コミュニティのメンバーとして，生徒を取り残さない指導と学習を改善するための学校全体のシステム設計に携わる。“*The Teacher Clarity Playbook, Grades K-12*（教師の明晰性プレイブック）”や“*Rigorous Reading*（緻密な読解）”など多数の著書を有する。

シャーリー・クラーク　Shirley Clarke

シャーリー・クラーク（名誉博士）は，形成的アセスメントの世界的エキスパートであり，その原理の実践的応用を専門としている。何千人もの教師が彼女のもとで学んだり，彼女の著書を読んだりしており，その結果，形成的アセスメントの実践は絶えず進化・発展し，生徒の学力を向上させるのに役立っている。近年では，“*Unlocking Learning Intentions and Success Criteria*（学習のねらいと達成規準の解明）”，“*Formative Assessment*（形成的アセスメント）”，ジョン・ハッティとの共著書“*Visible Learning Feedback*”［邦訳『教育の効果：フィードバック編』法律文化社］，キャサリン・マンカスターとの共著書“*Thinking Classrooms*（考える教室）”などの著書がある。ウェブサイト（www.shirleyclarke-education.org）には，形成的アセスメントを実際に行なっている映像のストリーミング・プラットフォームや，彼女のアクション・リサーチ・チームからの詳細なフィードバックが掲載されている。

■著者略歴

ジョン・ハッティ　John Hattie

ジョン・ハッティ博士は，いくつもの受賞歴を有する教育研究者であり，30年近く生徒の学習と学力に何が最も効果的かを検証してきたベストセラー作家である。彼の研究は，「可視化された学習（Visible Learning®）」としてよく知られている。この研究は，世界中の3億人以上の生徒を対象とした10万件以上の研究からなる1700件以上のメタ分析研究を，約30年間にわたり再統合した集大成である。350以上の国際会議で発表や基調講演を行ない，その教育貢献が認められ，数多くの表彰を受けてきた。主な著書に“*Visible Learning*”［邦訳（部分訳）『教育の効果』図書文化社］，“*Visible Learning for Teachers*”［邦訳『学習に何が最も効果的か』あいり出版］，“*Visible Learning and the Science of How We Learn*”［邦訳『教育効果を可視化する学習科学』北大路書房］，“*Visible Learning for Mathematics, Grades K-12*（数学授業のための可視化された学習）”，最近では“*10 Mindframes for Visible Learning*”［邦訳『教師のための教育効果を高めるマインドフレーム』北大路書房］などがある。

ダグラス・フィッシャー　Douglas Fisher

ダグラス・フィッシャー博士は，サンディエゴ州立大学の教授であり，教育的リーダーシップ部門の長でもある。特別な支援のための早期介入教員と小学校教諭を経て，ヘルスサイエンス中・高カレッジの指導者を務めてきた。国際読書協会ウィリアム・S・グレイ功労賞，NCTE英語指導者会議ケント・ウィリアムソン模範指導者賞，クリスタ・マコーリフ優秀教師教育賞を受賞。リーディングとリテラシー，個別指導，カリキュラム・デザインに関する論文を多数発表している。“*PLC+: Better Decisions and Greater Impact by Design*（PLC+：デザインによる優れた意思決定と大きなインパクト影響）”，“*Building Equity: Policies and Practices to Empower All Learners*（公平性の構築：すべての学習者に力を与える政策と実践）”，“*Developing Assessment-Capable Visible Learners, Grades K-12*（アセスメントができる可視化された学習者の育成）”など著書も多数出版している。

自立的で相互依存的な学習者を育てる
コレクティブ・エフィカシー
2023年11月10日　初版第1刷印刷
2023年11月20日　初版第1刷発行
定価はカバーに表示してあります
著　者　ジョン・ハッティ
ダグラス・フィッシャー
ナンシー・フレイ
シャーリー・クラーク
訳者代表　原田信之
発行所　（株）北大路書房
〒603-8303　京都市北区紫野十二坊町12-8
電　話　（075）431-0361（代）
FAX　（075）431-9393
振　替　01050-4-2083
編集・デザイン・装丁　上瀬奈緒子（綴水社）
印刷・製本　亜細亜印刷（株）
 ISBN978-4-7628-3237-6　Printed in Japan

北大路書房の好評関連書

教育効果を可視化する学習科学

ジョン・ハッティ，グレゴリー・イエーツ 著
原田信之 訳者代表

学びの本質とは？　メタ分析データと学習科学の知見を照合し，学びの成立と促進の条件を可視化。教師生徒共に学習者になれるかが鍵。

［原書］Hattie, J., & Yates, G. (2014). *Visible Learning and the Science of How We Learn*. Routledge.

A5 判上製・552 頁・本体 5400 円＋税　ISBN978-4-7628-3115-7

教師のための
教育効果を高めるマインドフレーム
可視化された授業づくりの 10 の秘訣

ジョン・ハッティ，クラウス・チィーラー 著
原田信之 訳者代表

学習を成功へと導く授業とは？　熟練教師の実践知とメタ分析によるエビデンスを融合。教職専門性を支えるマインドフレームを示す。

［原書］Hattie, J., & Zierer, K. (2018). *10 Mindframes for Visible Learning: Teaching for success*. Routledge.

四六判・324 頁・本体 2700 円＋税　ISBN978-47628-3174-4

スクールリーダーのための
教育効果を高めるマインドフレーム
可視化された学校づくりの 10 の秘訣

ジョン・ハッティ，レイモンド・スミス 編著
原田信之 訳者代表

教育指導職の信念や価値観が生徒と教師の両方の学びにもたらす影響とは？　可視化された学習研究の成果を学校改善の実践へとつなぐ。

［原書］Hattie, J., & Smith, R. (2020). *10 Mindframes for Leaders: The Visible Learning Approach to School Success*. Corwin.

四六判・248 頁・本体 2700 円＋税　ISBN978-4-7628-3213-0

（税抜き価格で表示しております）